바빠 초등 6급 한자 1권

이지스에듀

지은이 | 김정미, 강민

김정미 선생님은 서울 교대에서 초등교육을 전공하고, 20년 넘게 교단을 지키고 있다. 남편 강민 선생님과 함께 초등 한자 분야에서 스테디셀러로 자리 매김한 바빠 초등 급수 한자 시리즈를 공동 집필하였다. 바빠 초등 급수 한자 시리즈는 어원을 그림으로 그려 설명하고 획순에 이야기를 담아 어린 아이들도 한자를 쉽게 익히고 급수를 딸 수 있도록 구성한 시리즈로 《바빠 초등 8급 한자》, 《바빠 초등 7급 한자》 1, 2와 《바빠 초등 6급 한자》 1, 2, 3 등이 있다.

강민 선생님은 서울대에서 인문학을 전공하고, 컴퓨터 프로그래머로 일하며 한자를 좋아하여 관심을 두다가, 첫 아이 태교를 하면서 한자의 모양과 소리와 뜻을 파헤치기 시작했다. 부인 김정미 선생님과 함께 《바빠 초등 8급 한자》, 《바빠 초등 7급 한자》 1, 2와 《바빠 초등 6급 한자》 1, 2, 3 등을 출간했다. 한자가 쉽게 외워지는 세 박자 풀이말을 고안해 풀이말을 읽으면 어려운 한자도 척척 써낼 수 있도록 하였다.

'바빠 초등 급수 한자' 시리즈

바빠 초등 6급 한자 1권

(이 책은 2017년 11월에 출간된 '바쁜 초등학생을 위한 빠른 급수 한자 6급 1권'을 개정 증보한 판입니다.)

초판 1쇄 발행 2025년 7월 24일
초판 2쇄 발행 2025년 10월 31일
지은이 김정미, 강민
발행인 이지연
펴낸곳 이지스퍼블리싱(주)
출판사 등록번호 제313-2010-123호
제조국명 대한민국
주소 서울시 마포구 잔다리로 109 이지스 빌딩 5층 (우편번호 04003)
대표전화 02-325-1722   **팩스** 02-326-1723
이지스퍼블리싱 홈페이지 www.easyspub.com   **이지스에듀 카페** www.easysedu.co.kr
바빠 아지트 블로그 blog.naver.com/easyspub   **인스타그램** @easys_edu
페이스북 www.facebook.com/easyspub2014   **이메일** service@easyspub.co.kr

기획 및 책임 편집 정지연 | 이지혜, 박지연, 김현주   **디자인** 김세리   **삽화** 김학수
전산편집 책돼지   **인쇄** 보광문화사   **영업 및 문의** 이주동, 김요한(support@easyspub.co.kr)
마케팅 라혜주   **독자 지원** 박애림, 이세진, 김수경

ISBN 979-11-6303-735-4 64710
ISBN 979-11-6303-712-5 64710(세트)
가격 11,000원

• **이지스에듀**는 이지스퍼블리싱(주)의 교육 브랜드입니다.
  (이지스에듀는 학생들을 탈락시키지 않고 모두 목적지까지 데려가는 책을 만듭니다!)

"큰딸에 이어서 작은딸도
〈바빠 초등 급수 한자〉 시리즈로 한자 공부합니다!"

– 밤톨엄마 님 –

내 아이 첫 한자 책이라 쉬운 교재를 선택했습니다. 한자의 뜻을 그림으로 잘 표현해 이해하기 쉬워 보입니다. 그래서인지 아이가 처음으로 끝까지 다 푼 교재예요.

woomi211 님

한자를 처음 공부하는 아이도 쉽게 따라갈 수 있도록 구성되어 있습니다. 또한 한자가 사용되는 단어들도 같이 다루어서 어휘를 확장할 수 있어 좋았습니다.

kconfidence 님

급수 한자 공부에 꼭 필요한 부분을 효율적으로 공부할 수 있어요. 그리고 가려진 한자를 쓰는 게 아이들 입장에서 재미도 있고 몰입하게 되는 거 같아요.

라벤더향기 님

이 책을 선택한 가장 큰 이유는 바로 한자 쓰기 비중이 많지 않아서 부담이 없다는 점입니다. 두 번째는 한자 어휘 읽는 것을 반복해서 훈련시켜 주기 때문에 좋습니다.

clover0311 님

제가 아이에게 한자를 가르치는 이유는 어휘 확장을 위한 건데 다른 교재들은 시험용으로만 나왔더라구요. 이 교재는 한자 어휘 학습이 많다보니 시험 준비 뿐 아니라 어휘력까지 키울 수 있어 만족스럽습니다.

mye 님

남자아이라 한자 쓰기 칸이 많으면 시작하기도 전에 질려 버리는 경향이 있는데 이 교재는 한자 쓰는 칸이 적당한 것 같아요. 바쁜 초등학생을 위한 한자 교재라 그런지 구성이 단순하면서도 한자 공부에 필요한 내용이 모두 들어 있어서 만족합니다.

매일매일소중해 님

한 번 봐도 두 번 외운 효과! 두뇌 자극 급수 한자 책

바빠 초등 6급 한자

한자는 모든 공부의 바탕입니다.

교과서에 나오는 학습 용어의 90% 이상이 한자어입니다. 학년이 올라갈수록 한자를 모르면 교과서를 이해하기가 점점 어려워집니다. 예를 들어, 수학 교과서에는 '직선'과 '반직선'이 나옵니다. '직선(直線)'은 곧게 뻗은 선이고, '반직선(半直線)'은 '반(半)'이 '절반 반'이므로 양방향으로 길게 뻗은 직선의 반, 즉 한 방향으로만 곧게 뻗은 선을 말합니다. 이처럼 한자를 익히면 어려운 수학 용어도 쉽게 이해할 수 있습니다.

급수 시험은 한자 공부에 집중할 수 있는 좋은 계기가 됩니다.

학습의 바탕이 되는 이 한자를 학교에서는 정규 수업으로 가르치지 않습니다. 한자 공부를 어디부터 시작해야 할지 막연하다면 한자 급수 시험을 준비해 보세요. 목표를 정하면 짧은 시간에 효과적으로 한자를 공부할 수 있으니까요.

〈바빠 초등 6급 한자〉는 6급 시험에 새로 나오는 한자 150자를 배웁니다. 다만 6급 시험에는 8·7급 한자도 나옵니다. 그래서 이 책의 문제는 8·7급 한자(150자)를 포함한 문장으로 구성했습니다. 6급 자격증을 따면 초등 교과 공부의 바탕이 되는 기초 한자 300자를 배운 것과 마찬가지 입니다.

한자 공부의 지루함과 암기의 어려움을 해결하는 6가지 방법

그런데 문제는 한자도 공부인지라 지겹다는 점과 힘들게 공부한 한자를 보통 다음날이면 잊어버린다는 겁니다. 이를 해결하기 위해 연구에 연구를 거듭한 결과가 바로 이 책입니다.

❶ '한자의 획'을 그림으로 구현

이 책은 '한자의 획'을 '그림의 선'으로 그려, 그림을 보면 한자를 쉽게 익힐 수 있습니다. 또 '눈의 눈동자를 그린 눈 목(目)'처럼 한자마다 붙은 풀이말과 함께 공부하면 한자가 기억에 오래 남습니다.

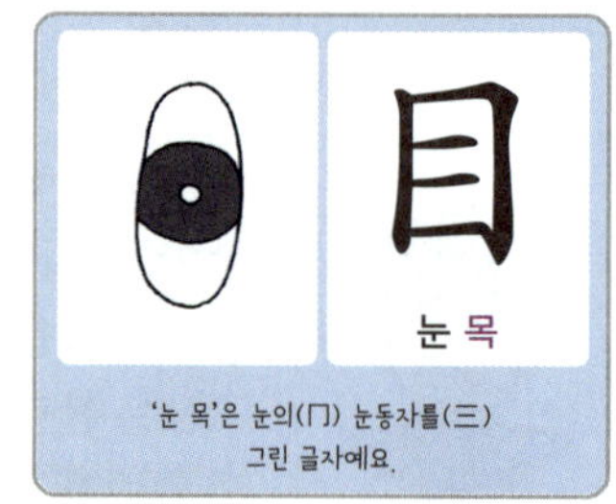

눈 목

'눈 목'은 눈의(冂) 눈동자를(三)
그린 글자예요.

❷ 암기 효과를 2배로 높여 주는 '세 박자 풀이말'

한 획 한 획을 쓸 때 운율이 있는 세 박자 풀이말을 붙여 놓아, 그 풀이말을 기억하면 한자가 자연스럽게 써집니다.

눈의　　　　눈동자를 그린　　　　눈 목

❸ 물방울에 가려진 한자 쓰기

인지 학습 분야 전문가의 말에 따르면 학습에 적정한 어려움이 있을 때 기억에 오래 남는다고 합니다. 이 책에서는 물방울 모양이 적정한 어려움으로 작용해, 한자가 기억에 오래 남게 도와줍니다.

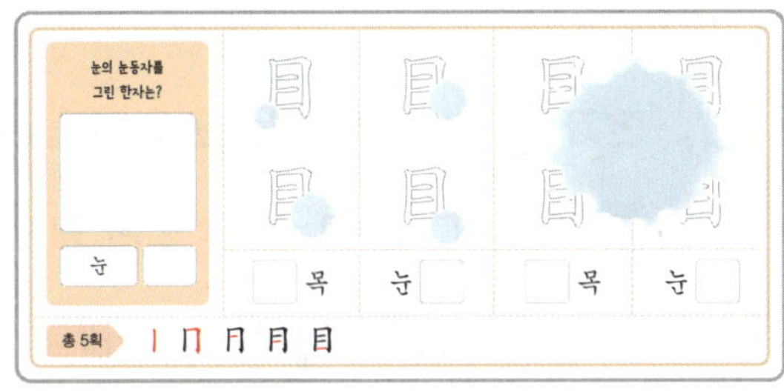

❹ 문해력 향상을 돕는 한자 어휘 공부까지!

이 책은 한자 어휘를 배우고 문장으로 확장해서 한자 어휘력을 키워줍니다. 교과서 용어와 일상적으로 쓰는 어휘에서 아이들이 한자를 발견하고, 교과 개념을 쉽게 이해할 수 있습니다.

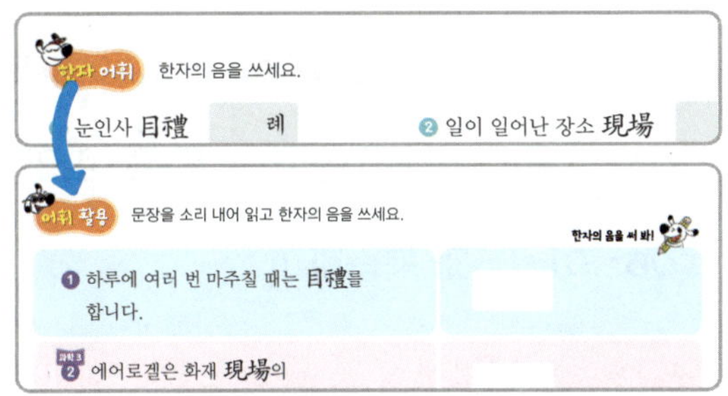

❺ 망각이 일어나기 전에 복습하기 단계 구성!

앞 과에서 배운 한자가 다음 과의 문제 속에 등장해서 자주 복습하게 됩니다. 이는 뇌의 단기 기억을 장기 기억으로 바꾸는 역할을 합니다. 특히, '복습하기' 단계는 다섯 과를 학습할 때마다 복습하도록 짜여 있어 공부한 한자는 반드시 기억하도록 했습니다.

❻ '한자 쓰기' 추가 학습 및 부록 2회 모의시험

한자 쓰기는 6급 시험 문제 유형 중 가장 어려워하고 많이 틀리는 문제입니다. 추가 학습인 '한자 쓰기, 시험에 자주 나오는 한자를 공부하자!' 는 빈출순으로 정리되어 있어서 공부 효율이 높습니다.

또한 기출 수준의 모의시험이 2회 수록되어 있어 자신의 실력을 확인하고 보완할 수 있습니다. 6급 시험은 70점 이상 (90문항 중 63문항)을 획득하면 합격입니다. 〈바빠 초등 6급 한자〉 3권의 모의고사 2회 결과가 모두 70점 이상이라면 실제 시험을 치르지 않아도 6급을 취득한 것과 마찬가지입니다.

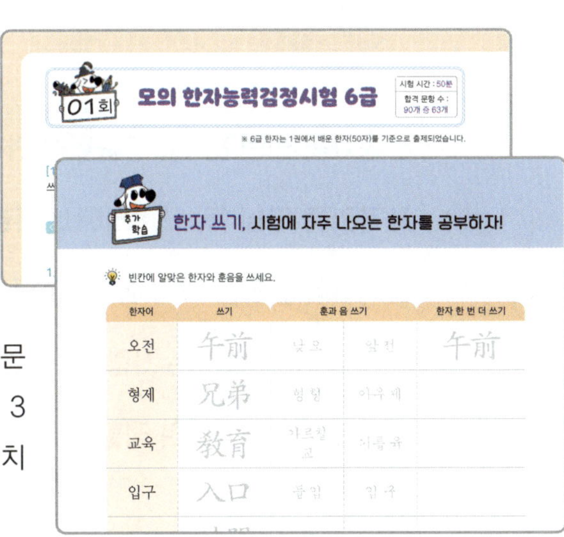

바빠 초등 6급 한자 1권

공부한 날짜

나만의 공부 계획을 세워 보자!

나의 진도 __________ 일

나는 어떤 학생인가?	권장 진도
☑ 급수 시험 공부는 처음이에요. ☐ '바빠 초등 6급 한자 1권' 50자 가운데 아는 한자가 5자도 안 돼요.	30일
☐ 8급이나 7급 시험을 친 경험이 있어요. ☐ '바빠 초등 6급 한자 1권' 50자 가운데 아는 한자가 10자 이상이에요.	14일
☐ 한자 공부가 재미있어요. ☐ 6급 자격증을 빨리 따고 싶어요. ☐ '바빠 초등 6급 한자 1권' 50자 가운데 아는 한자가 20자 이상이에요.	10일

📖 권장 진도표

• 30일 진도는 하루에 1과씩 공부하면 됩니다.

날짜	1일 차	2일 차	3일 차	4일 차	5일 차	6일 차	7일 차
14일 진도	준비 학습 01~02과	03~04과	05~06과	07~08과	09~10과	11~13과	14~15과
10일 진도	준비 학습 01~02과	03~05과	06~09과	10~12과	13~15과	16~19과	20~23과

날짜	8일 차	9일 차	10일 차	11일 차	12일 차	13일 차	14일 차
14일 진도	16~18과	19~20과	21~22과	23~25과	26~28과	29~30과 모의시험 1회	추가 학습 모의시험 2회 끝
10일 진도	24~27과	28~30과 모의시험 1회	추가 학습 모의시험 2회 끝				

바빠 초등 6급 한자 1권

한자를 쓰는 순서, 필순을 알면 쉽다!

필순을 왜 공부해야 할까?

처음 한자를 공부하면 한자를 쓰는 일이 어렵게 느껴집니다. 한글과는 달리 일정한 규칙이 없는 것처럼 느껴지니까요. 하지만 한자도 쓰는 규칙이 있습니다. 필순은 붓(筆)으로 획을 쓰는 순서(順)를 말합니다. 오랜 세월 한자를 쓰는 동안 자연스럽게 필순이 정해졌습니다. 한글보다 획이 많은 한자는 필순에 맞게 써야 쓰기도 편하고 글자 모양도 아름답습니다.

필순의 7가지 규칙

이 책에서는 기본 규칙을 7가지로 정리했습니다. 필순을 외우려고 애쓰기보다는 앞으로 배울 한자를 자연스럽게 쓰기 위해 가볍게 살펴보는 정도로 학습하면 됩니다. 〈바빠 초등 6급 한자〉 속 풀이말을 따라 공부하면 자연스럽게 필순을 익힐 수 있습니다.

1. 가로획과 세로획이 만날 때는 가로획을 먼저 씁니다.

　⑩ 古(예 고), 苦(쓸 고), 共(한가지 공)

2. 口(입 구)와 비슷한 한자는 몸(冂)을 먼저 쓰고 안은 나중에 씁니다.

　⑩ 圖(그림 도)

3. ╮(갈고리)가 글자의 한가운데 오면 갈고리 모양을 맨 먼저 씁니다.

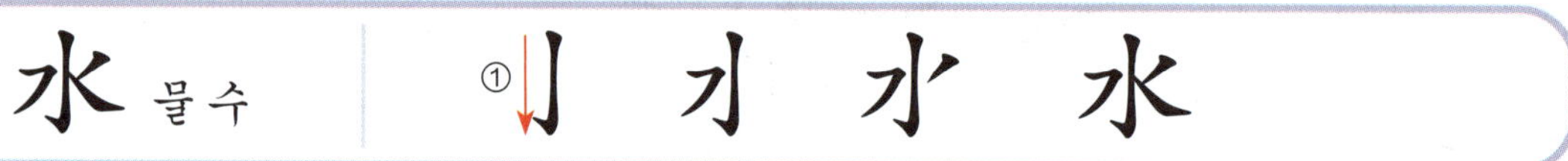

　⑩ 小(작을 소)

4. 양쪽 점을 먼저 씁니다.

火 불 화   ① 丶 丶丶 ② 业 火

5. ㇀(오른점삐침)은 오른쪽 위에서 왼쪽 아래로 내려 긋습니다.

死 죽을 사   一 厂 歹 歹 歹 死

6. 丿(삐침)을 먼저 쓰고 ㇏(파임)을 나중에 씁니다.

交 사귈 교   丶 一 亠 六 亠 交

   예 敎(가르칠 교), 校(학교 교)

7. 글자 가운데를 뚫고 지나가는 획은 마지막에 씁니다.

中 가운데 중   丨 丨 口 口 中

   예 軍(군사 군), 半(반 반)

이 외에도 '위에서 아래로 쓴다', '왼쪽에서 오른쪽으로 쓴다'는 규칙이 있으나 자연스럽게 익힐 수 있으므로 다루지 않았습니다. 또한, 필순에 예외가 많으므로 한자를 쓰는 기본 규칙을 알아 두는 정도로 학습하는 것이 좋습니다. 본격적인 한자 학습 시에는 풀이말로 한자를 외우는 방법이 효과적입니다.

다음 한자는 어떤 순서로 쓸까요?

古   ① 一 十 古 古 古

         ② 丨 十 古 古 古

① 답정

01 큰 사람보다 더 클 太, 팔 벌린 채 다리 엇걸고 사귈 交

클 태

사귈 교

'클 태'는 팔 벌린 큰 사람에(大)
점 하나를 더 찍어(丶) 더 큰 것을 나타내요.

'사귈 교'는 사람이 팔 벌린 채(亠) 다리를
어긋나게 걸고 있는(父) 모습이에요.
서로 어울려 사귀는 것을 가리켜요.

 풀이말을 큰 소리로 읽으며 획을 따라 쓰세요.

따라 써 봐!

도움말 大(큰 대)와 太(클 태)는 둘 다 크다는 뜻이에요. 交(사귈 교)는 交感(사귈 교+느낄 감, 서로 느낌), 交通(사귈 교+통할 통, 서로 통함)에서 보듯 '서로'라는 뜻이 있어요.

유의어 大(큰 대) ─ 太(클 태)

물방울 한자   물방울 ⬤ 에 가려진 한자를 필순에 맞게 쓰고, 빈칸에 훈과 음을 쓰세요.

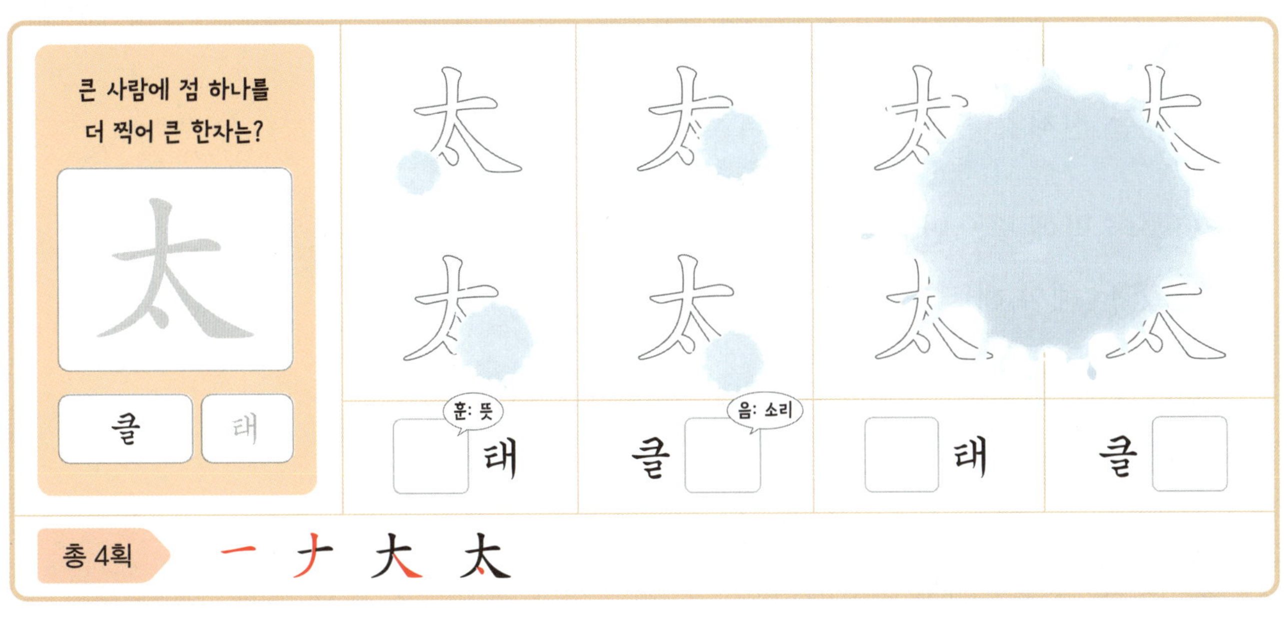

큰 사람에 점 하나를 더 찍어 큰 한자는?		

太

클   태

훈: 뜻 / 음: 소리

□ 태   클 □   □ 태   클 □

총 4획 ▶ 一 ナ 大 太

팔 벌린 채 다리 엇걸고 서로 사귀는 한자는?		

사귈

□ 교   사귈 □   □ 교   사귈 □

총 6획 ▶ 丶 一 亠 六 亣 交

한자 어휘   한자의 음을 쓰세요.

① 큰 볕을 주는 **太陽**   양

② 서로 대신하는 **交代**   대

③ 아주 먼 옛날 **太古**   고

④ 서로 오고가는 **交通**   통

⑤ 크고 평평한 **太平洋**   양

⑥ 친밀하게 사귀는 **親交**   친

예습! 6급 한자   陽(볕 양) 代(대신할 대) 古(예 고) 通(통할 통) 洋(큰 바다 양) 親(친할 친)   복습! 한자   平(평평할 평)

한자의 음을 써 봐!

과학 4
1 별은 **太陽**처럼 스스로 빛을
내는 천체입니다.

양

체육 3
2 공이 발에 맞으면 다른 친구와
交代해야 해!

대

3 이 땅은 **太古** 때부터 우리 **民**족이
살던 곳입니다.

고 , 족

• 民(백성 민)

과학 3
4 **交通**이 발달하면서 감염병은
더 빠르게 유행합니다.

통

5 **太平洋** 위를 날아가는 동안 우리는
줄곧 이야기를 나누었습니다.

양

6 사람들과 **親交** 맺는 법을 알아야 단체
생활을 잘할 수 있습니다.

친

도전! 6급 시험

다음 밑줄 친 단어의 한자를 <보기>에서 고르세요.

<보기>   ① 太古   ② 交代   ③ 交通   ④ 親交   ⑤ 太陽

1. 지구는 하루 한 바퀴 태양 주위를 돕니다. ________

2. 교통이 발달한 도시에는 차들이 많아요. ________

3. 우리가 친교를 맺은 지 벌써 10년이 되었어요. ________

4. 이웃끼리 교대로 청소를 합니다. ________

정답 **1** 태양 **2** 교대 **3** 태고, 민 **4** 교통 **5** 태평양 **6** 친교 | 1. ⑤ 2. ③ 3. ④ 4. ②

'말씀 언'은 짧고 길게(ㅗ) 한 마디 한 마디(二) 또박또박 입 벌려 말하는(口) 것을 나타내요.

'믿을 신'은 사람의(亻) 말을(言) 믿는 것을 나타내요.

풀이말 풀이말을 큰 소리로 읽으며 획을 따라 쓰세요.

따라 써 봐!

풀이말	짧고 길게	한 마디 한 마디	입 벌려 말하는	말씀 언	말씀 ☐

풀이말	사람의	말을	믿을 신	믿을 ☐

도움말 語(말씀 어)는 言(말씀 언)에 吾(나 오)를 더해 '내가 말하는 것'으로 풀이해요.

유의어 言(말씀 언) ― 語(말씀 어) ― 話(말씀 화)

물방울 한자 물방울 🔵 에 가려진 한자를 필순에 맞게 쓰고, 빈칸에 훈과 음을 쓰세요.

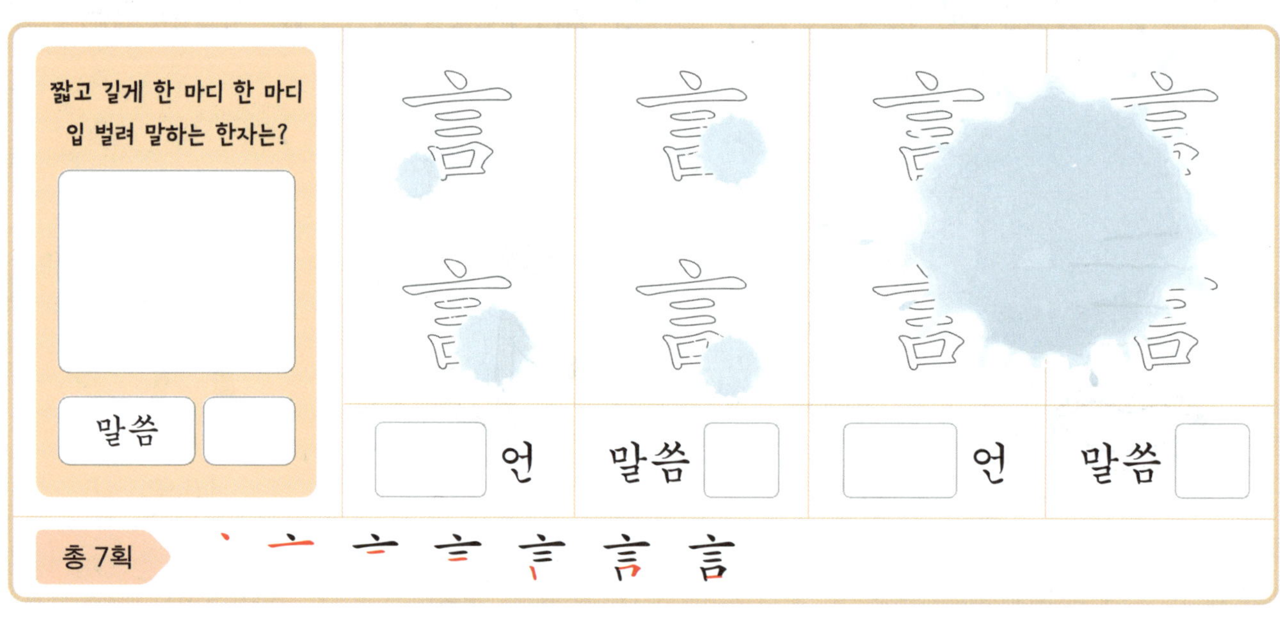

짧고 길게 한 마디 한 마디 입 벌려 말하는 한자는?

말씀 □

□ 언   말씀 □   □ 언   말씀 □

총 7획

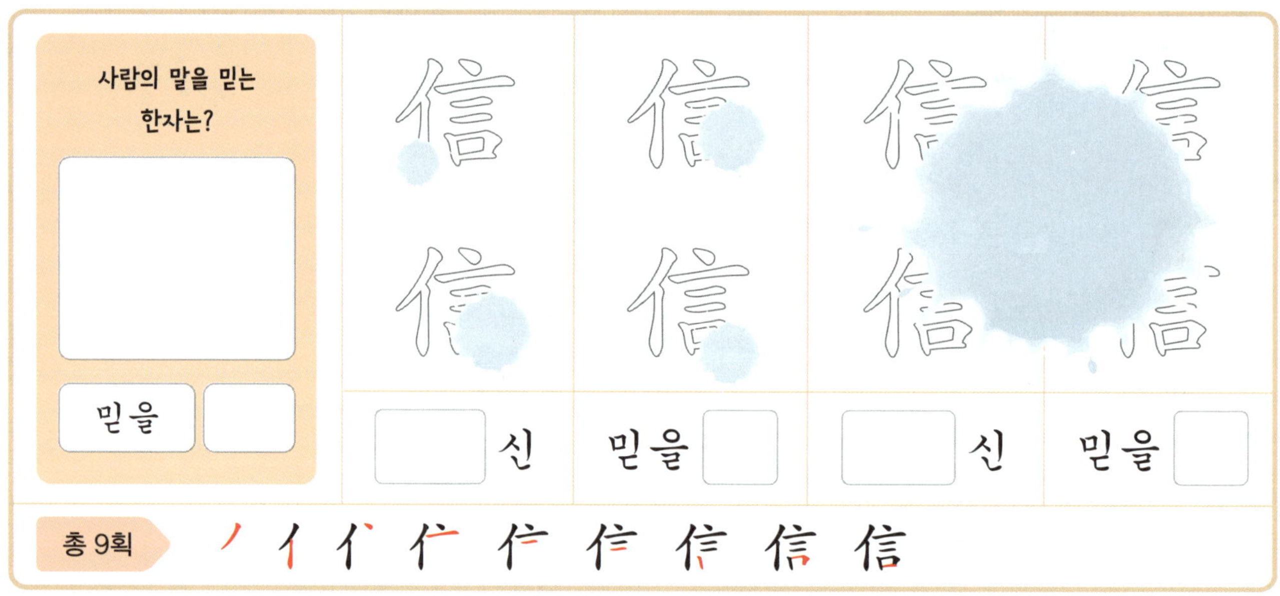

사람의 말을 믿는 한자는?

믿을 □

□ 신   믿을 □   □ 신   믿을 □

총 9획

한자 어휘 한자의 음을 쓰세요.

❶ 생각, 감정을 말로 전하는 言語 □□
❷ 믿고 쓰는 信用 □ 용

❸ 말과 행동 言行 □ 행
❹ 옳다고 믿는 바 所信 □□

❺ 말실수 失言 실 □
❻ 전기 신호를 전하는 電信 □□

예습! 6급 한자 用(쓸 용) 行(다닐 행) 失(잃을 실)   복습! 한자 語(말씀 어) 所(바 소) 電(번개 전)

어휘 활용 문장을 소리 내어 읽고 한자의 음을 쓰세요.

음악 3

1 手語는 몸짓과 손짓으로 말하는 言語랍니다.

	,

· 手(손 수)

2 信用 카드의 검은색 띠는 쉽게 자화될 수 있는 물질로 이루어져 있습니다.

용

3 이 학생은 언제나 言行이 일치해서 사람들에게 신뢰를 받습니다.

행

4 우리 사회에는 所信껏 일하는 사람이 필요합니다.

5 형은 잦은 失言으로 신뢰를 잃었어요.

실

6 電信의 발달로 生活이 편리해졌습니다.

,

· 生(날 생) 活(살 활)

다음 밑줄 친 단어의 한자를 <보기>에서 고르세요.

<보기> ① 言行 ② 電信 ③ 信用 ④ 所信 ⑤ 失言

1. 신용 카드로 물건을 샀습니다. __________

2. 자신의 소신대로 투표를 했습니다. __________

3. 저의 실언을 용서해 주세요. __________

4. 우리는 항상 언행을 조심해야 합니다. __________

03 줄줄 말하며 가르칠 訓, 선비가 책을 네 구절씩 읽을 讀

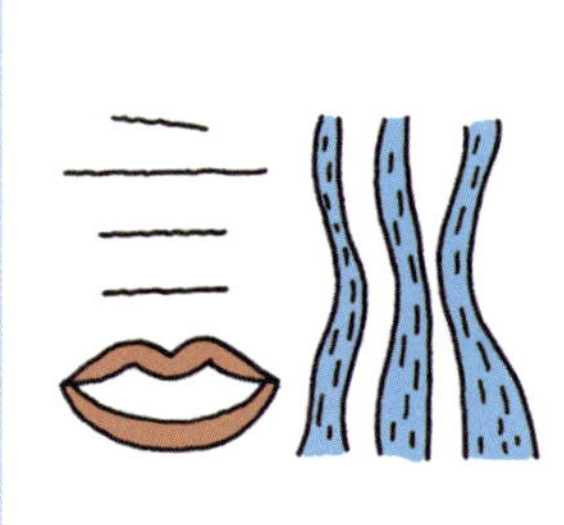

가르칠 훈

읽을 독

'가르칠 훈'은 말을(言) 냇물 흐르듯(川) 줄줄 하며
가르치는 모습을 나타내요.

'읽을 독'은 말하며(言) 책 읽는 모습으로
선비가(士) 네 구절씩(四) 돈 세듯(貝)
읽는 것을 나타내요.

풀이말 풀이말을 큰 소리로 읽으며 획을 따라 쓰세요.

따라 써 봐!

풀이말	말을	냇물 흐르듯 줄줄 하며	가르칠 훈	가르칠

풀이말	말하며	선비가 책을 네 구절씩	돈 세듯	읽을 독	읽을

도움말 訓(가르칠 훈)에서 川(내 천)은 냇물이 흐르는 모양을 나타낸 글자예요.

讀(읽을 독)은 言(말씀 언), 士(선비 사), 四(넉 사), 貝(조개 패)를 더한 글자예요. 貝(조개 패)는 조개 모양을 본뜬 글자인데, 조개가
옛날에 돈으로 사용되어 '돈'의 뜻이 있어요. 讀(읽을 독)은 '구절 두'라는 훈음도 있어요.

유의어 訓(가르칠 훈) ― 敎(가르칠 교)

 **물방울 한자**　물방울 🔵 에 가려진 한자를 필순에 맞게 쓰고, 빈칸에 훈과 음을 쓰세요.

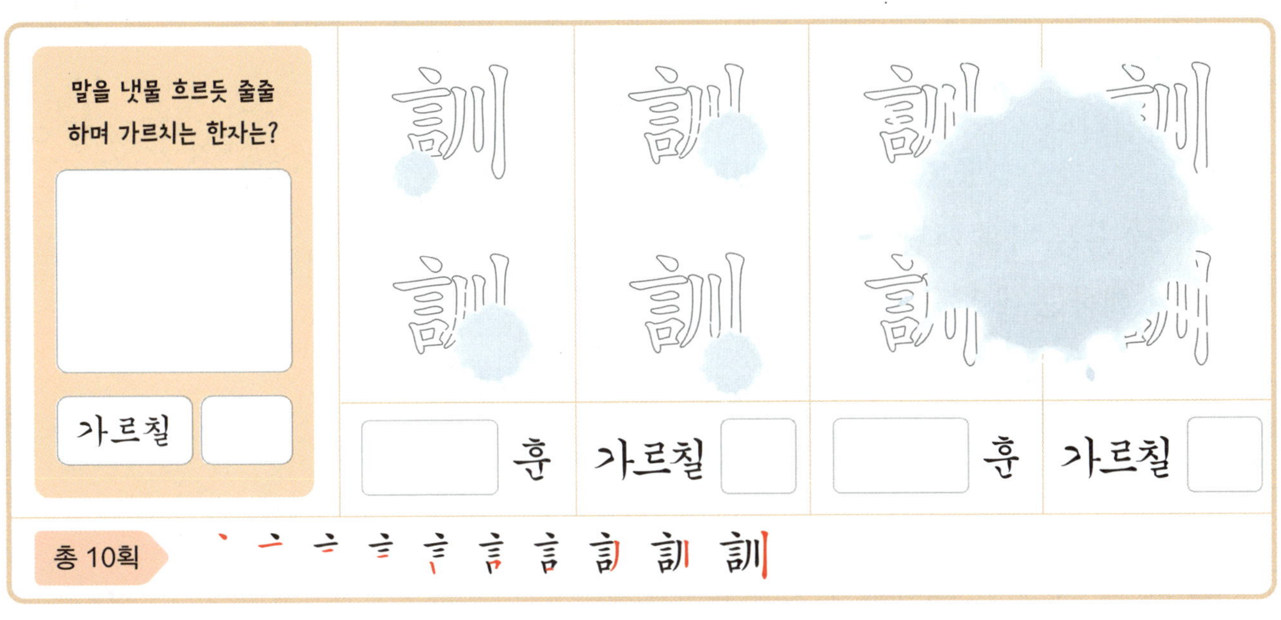

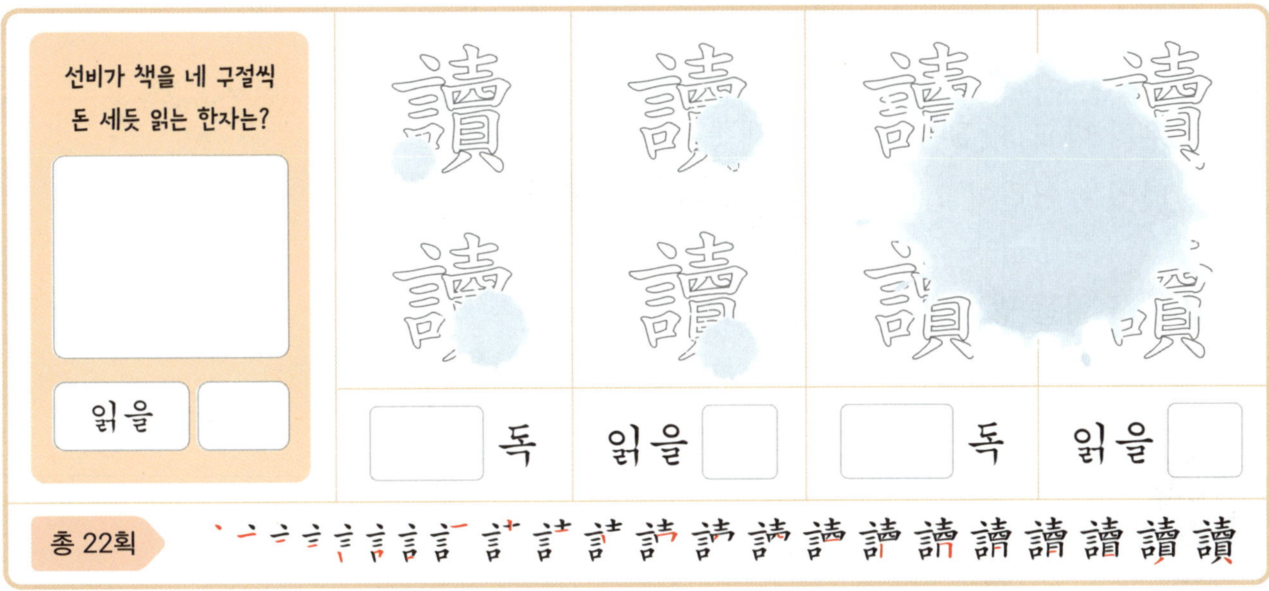

 **한자 어휘**　한자의 음을 쓰세요.

❶ 가르치는 말씀 **訓話**　

❷ 책 읽기 **讀書**　서

❸ 도움이 되는 가르침 **敎訓**　

❹ 읽고 난 뒤 느낌 **讀後感**　감

❺ 학교의 이념 **校訓**　

❻ 많이 읽는 **多讀**　다

예습! 6급 한자　書(글 서) 感(느낄 감) 多(많을 다)　　복습! 한자　話(말씀 화) 敎(가르칠 교) 後(뒤 후) 校(학교 교)

 **어휘 활용** 문장을 소리 내어 읽고 한자의 음을 쓰세요.

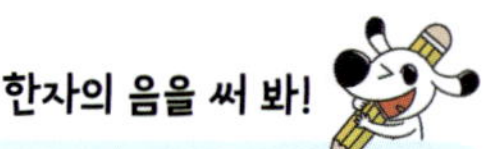

1 월요일에는 **校長** 선생님께서 **訓話**를
하십니다.

[　　　] , [　　　]

• 校(학교 교)　長(긴/어른 장)

2 (국어 4) **讀書**는 다른 사람의 생각이나 감정을
이해하는 데 도움이 됩니다.

[　　　] 서

3 독서를 하면서 즐거움과 **教訓**을
얻습니다.

[　　　]

4 **讀後感**을 잘 쓰려면 무엇보다도
책을 집중해서 읽어야 해요.

[　　　] 감

5 우리 학교 **校訓**은 '참되고 새롭고
멋있는 어린이'입니다.

[　　　]

6 책을 읽는 방법에는 **多讀**과 정독이
있습니다.

다 [　　　]

다음 밑줄 친 단어의 한자를 〈보기〉에서 고르세요.

〈보기〉　　① 訓話　② 教訓　③ 校訓　④ 多讀　⑤ 讀書

1. 학교에 가면 늘 독서를 합니다.　　________

2. 민하는 책을 많이 읽어서 다독상을 받았습니다.　　________

3. 고전에는 선조들의 교훈이 담겨 있습니다.　　________

4. 선생님께서 예절에 관해 훈화하십니다.　　________

정답 **1** 교장, 훈화 **2** 독서 **3** 교훈 **4** 독후감 **5** 교훈 **6** 다독 | 1. ⑤ 2. ④ 3. ② 4. ①

셀 계

소리 음

'셀 계'는 말하며(言) 열씩(十) 묶어 수를 세는 글자예요.

'소리 음'은 사람이 서서(立) 입으로 소리 내는(日) 모습을 나타내요.

 **풀이말** 풀이말을 큰 소리로 읽으며 획을 따라 쓰세요.

따라 써 봐!

| 풀이말 | 말하며 | 열씩 묶어 수를 세는 | 셀 계 | 셀 ☐ |

| 풀이말 | 사람이 서서 | 입으로 소리 내는 | 소리 음 | 소리 ☐ |

도움말 音(소리 음)에서 立(설 립)은 팔 벌린 채 두 다리를 땅에 딛고 선 사람을 나타내요.

유의어 計(셀 계) 一 數(셈 수)

물방울 ● 에 가려진 한자를 필순에 맞게 쓰고, 빈칸에 훈과 음을 쓰세요.

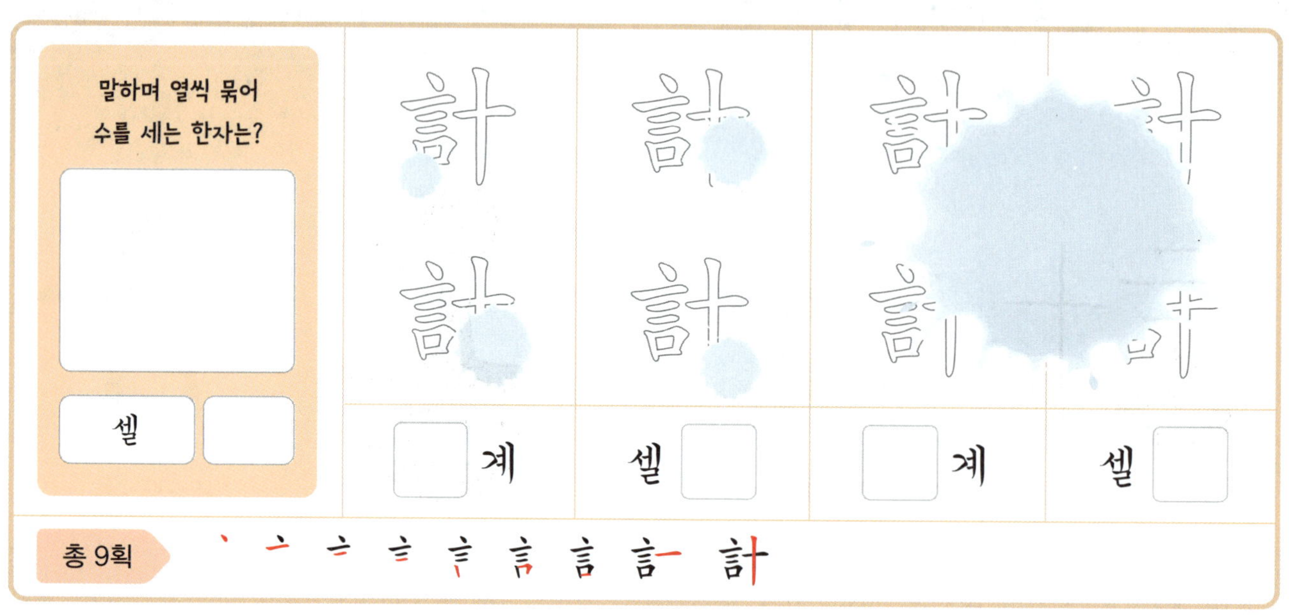

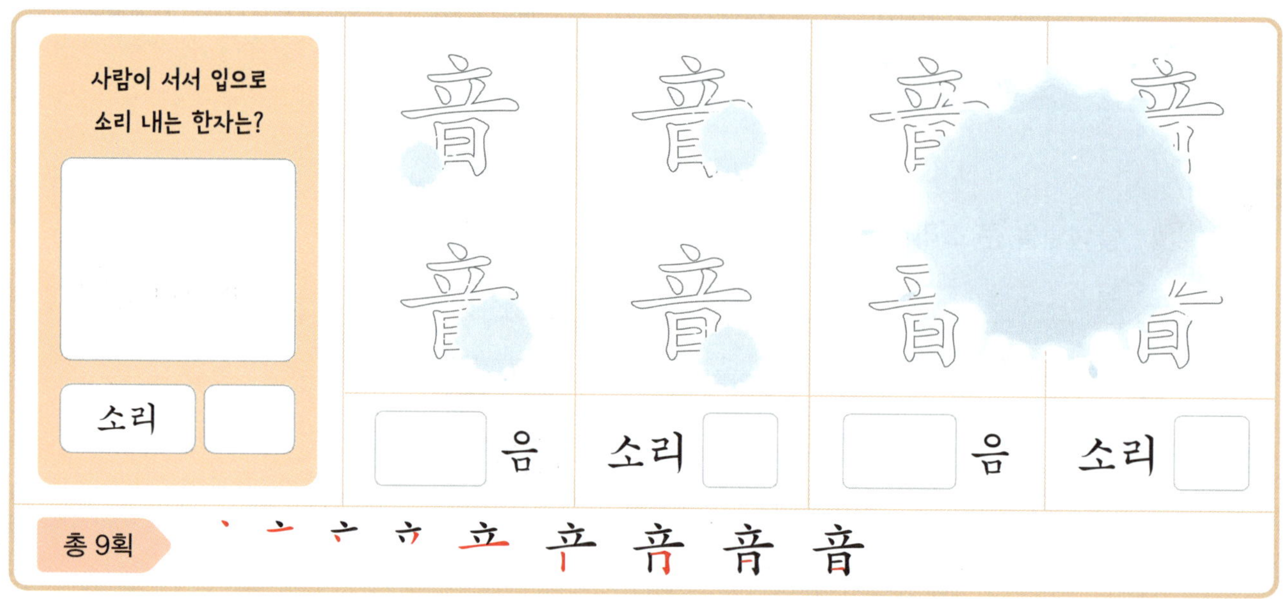

한자의 음을 쓰세요.

❶ 수 세기 **計算**

❷ 높은 소리 **高音**　고

❸ 한데 모아 세는 **集計**　집

❹ 온음의 반 **半音**　반

❺ 시간을 세는 **時計**

❻ 어울리는 소리 **和音**　화

예습! 6급 한자 高(높을 고) 集(모을 집) 半(반 반) 和(화할 화)　　복습! 한자 算(셈 산) 時(때 시)

❶ 216×2를 어떻게 **計算**하는지
수 모형으로 알아보시오.

❷ 삼촌의 목소리는 우락부락한 외모에
걸맞지 않게 **高音**입니다.

고

❸ 투표용지를 **集計**한 결과, 친구가
1등이었습니다.

집

❹ 연주자들은 실수로 **半音**을 온음으로
연주했습니다.

반

체육 4
❺ 내일은 놀이공원 가는 날
時計는 째깍째깍 두 눈은 멀뚱멀뚱.

❻ 숲속의 산새들이 아름다운
和音을 들려줍니다.

화

다음 밑줄 친 단어의 한자를 〈보기〉에서 고르세요.

〈보기〉　① **計算**　② **集計**　③ **半音**　④ **時計**　⑤ **和音**

1. 모눈종이를 사용하여 <u>계산</u>해 봅시다.　________

2. 아직 정확한 인원이 <u>집계</u>되지 않았습니다.　________

3. 그녀는 <u>반음</u> 내려가는 부분을 어려워했습니다.　________

4. 합창을 할 때는 <u>화음</u>이 잘 어우러져야 합니다.　________

정답 ❶ 계산 ❷ 고음 ❸ 집계 ❹ 반음 ❺ 시계 ❻ 화음 ┃ 1.① 2.② 3.③ 4.⑤

05 소리로 마음 표현하는 뜻 意, 소리 열 마디씩 쓰는 글 章

'뜻 의'는 소리 내어(音) 마음을 표현해(心)
속뜻이 드러나는 것을 가리켜요.

'글 장'은 소리를(音) 열 마디씩(十) 모아
글로 쓴 것을 나타내요.

풀이말 풀이말을 큰 소리로 읽으며 획을 따라 쓰세요.

따라 써 봐!

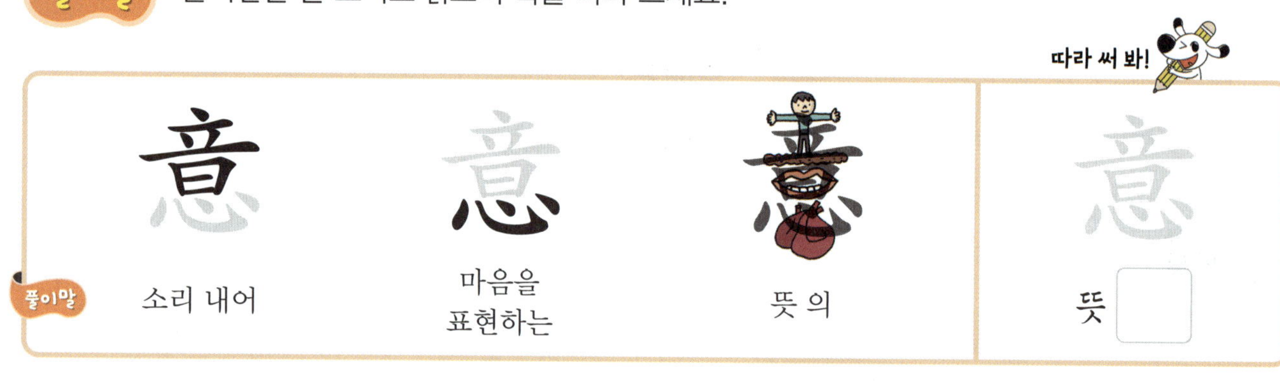

풀이말 소리 내어	마음을 표현하는	뜻 의	뜻 ☐

풀이말 소리를	열 마디씩 모아 쓰는	글 장	글 ☐

도움말 意(뜻 의)에서 心(마음 심)은 심장의 모양을 본뜬 글자예요.

유의어 章(글 장) ― 文(글월 문)

물방울 한자 물방울 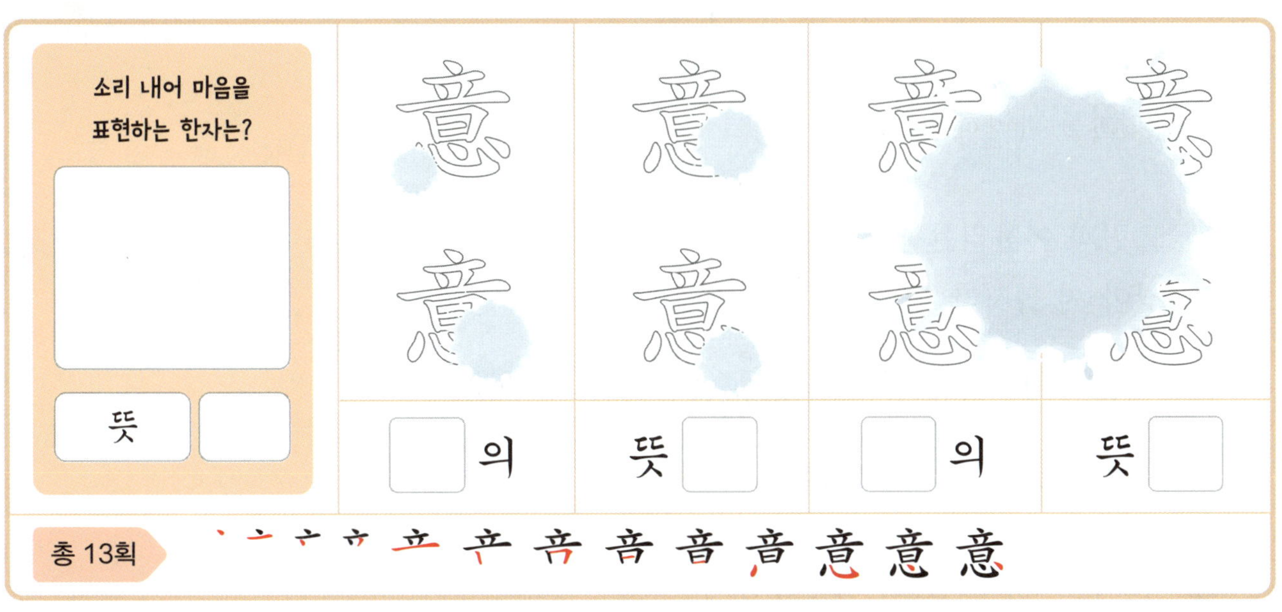 에 가려진 한자를 필순에 맞게 쓰고, 빈칸에 훈과 음을 쓰세요.

소리 내어 마음을 표현하는 한자는? 뜻			

意

| □ 의 | 뜻 □ | □ 의 | 뜻 □ |

총 13획 ` ㅗ ㅓ ㅜ 立 产 音 音 音 音 意 意 意

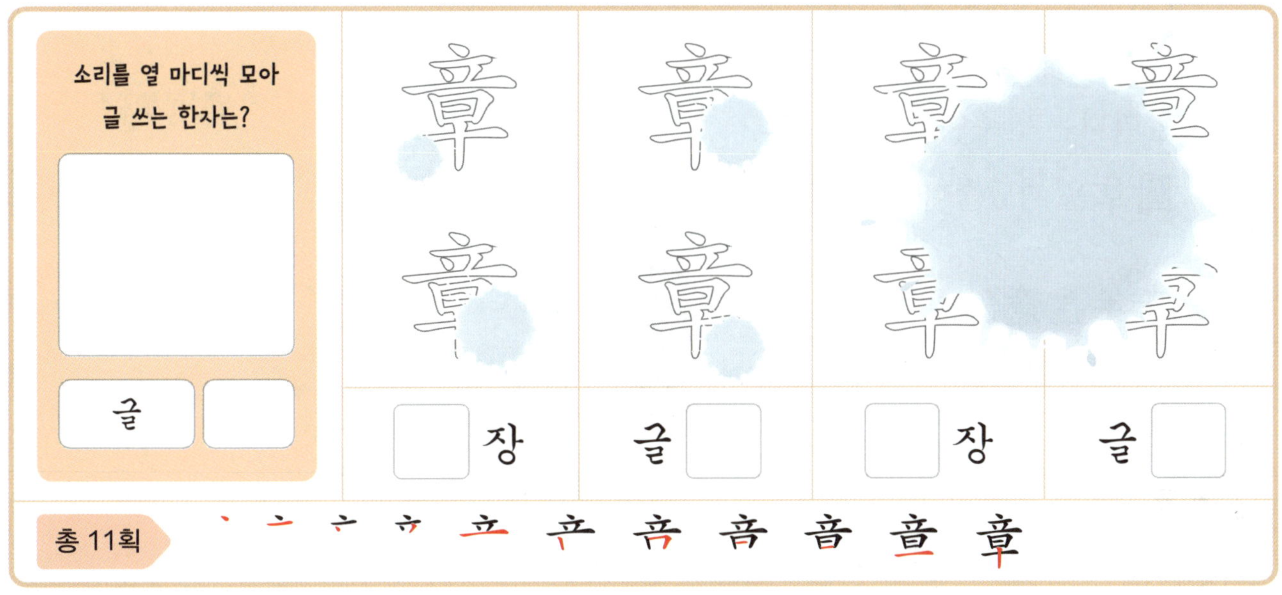

소리를 열 마디씩 모아 글 쓰는 한자는? 글			

章

| □ 장 | 글 □ | □ 장 | 글 □ |

총 11획 ` ㅗ ㅓ ㅜ 立 产 音 音 音 音 章

한자 어휘 한자의 음을 쓰세요.

① 뜻하고 꾀하는 **意圖** ⬜ 도

② 글을 이루는 **文章** ⬜

③ 뜻이 향하는 바 **意向** ⬜ 향

④ 시조의 가운데 장 **中章** ⬜

⑤ 뜻밖 **意外** ⬜

⑥ 이름을 새겨 문서에 찍는 **圖章** 도 ⬜

예습! 6급 한자 圖(그림 도) 向(향할 향)　　복습! 한자 文(글월 문) 中(가운데 중) 外(바깥 외)

1 글의 내용을 잘 이해하려면 글쓴이의
意圖를 파악해야 합니다.

도

국어 3
2 그림과 어울리는 **文章**을
찾아 써 봅시다.

3 아저씨도 이 일에 참여할 **意向**이
있다고 합니다.

향

4 시조는 보통 초장, **中章**, 종장의
3장 6구로 이루어집니다.

5 할머니는 안주머니에서
圖章을 꺼냈습니다.

도

6 **青年**은 **意外**의 행운을 얻어
큰 부자가 되었어요.

• 青(푸를 청) 年(해 년)

다음 밑줄 친 단어의 한자를 <보기>에서 고르세요.

<보기>　　① 意圖　② 意向　③ 文章　④ 圖章　⑤ 意外

1. 길고 까다로운 <u>문장</u>을 알맞게 고쳤습니다. ________

2. 모든 일이 <u>의도</u>한 대로 되지는 않습니다. ________

3. 어르신 <u>의향</u>을 여쭙고 일을 결정했습니다. ________

4. 선생님은 '참 잘했어요.'가 새겨진 <u>도장</u>을 팠습니다. ________

정답 **1** 의도 **2** 문장 **3** 의향 **4** 중장 **5** 도장 **6** 청년, 의외 | 1. ③ 2. ① 3. ② 4. ④

 빈칸에 알맞은 한자와 훈음을 쓰세요.

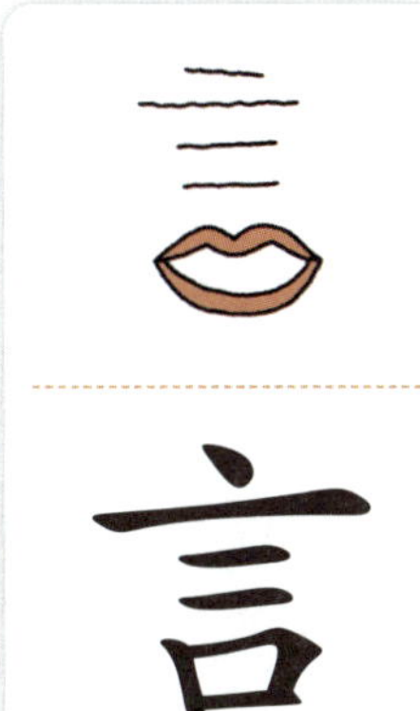

言

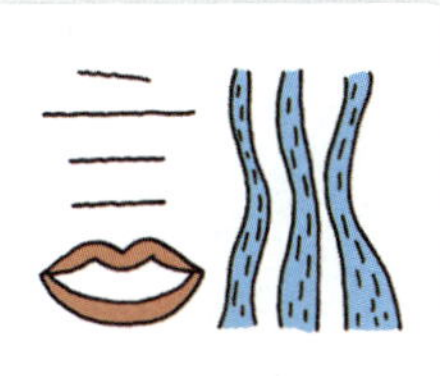

訓

交

章

셀 계

뜻 의

音

信

太

讀

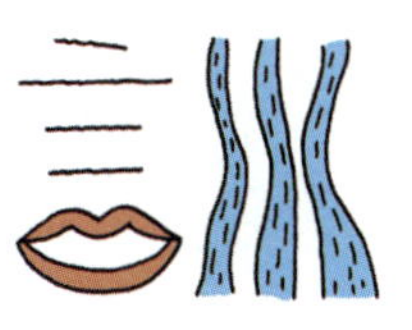

가르칠 훈

믿을 신

意

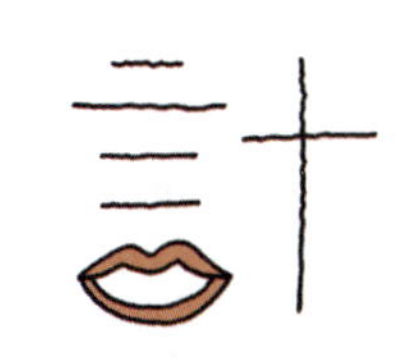

計

글 장

빈칸에 알맞은 한자를 <보기>에서 찾아 쓰세요.

<보기> 太 交 言 信 訓 讀 計 音 意 章

① 별은 □ 양처럼 스스로 빛을 내는 천체입니다.

② 216×2를 어떻게 □ 산하는지 수 모형으로 알아보시오.

③ 책을 읽는 방법에는 다 □ 과 정독이 있습니다.

④ □ 통이 발달하면서 감염병은 더 빠르게 유행합니다.

⑤ 그림과 어울리는 문 □ 을 찾아 써 봅시다.

⑥ □ 용 카드의 검은색 띠는 쉽게 자화될 수 있습니다.

⑦ 글의 내용을 잘 이해하려면 글쓴이의 □ 도를 파악해야 합니다.

⑧ 독서를 통하여 즐거움과 교 □ 을 얻습니다.

⑨ 우리는 항상 □ 행을 조심해야 합니다.

⑩ 숲속의 산새들이 아름다운 화 □ 을 들려줍니다.

6급 급수 시험 예상 문제

※ 6급 시험에 다뤄지는 8·7급 한자도 포함되어 있습니다.

[1~10] 다음 한자어의 음(음: 소리)을 쓰세요.

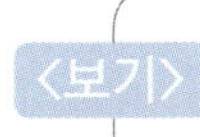

<보기>　　漢字 → 한자

1. 가을은 **讀書**^서하기에 좋은 계절입니다.

2. **太陽**^양의 힘으로 식물이 자랍니다.

3. 도시에는 **交通**^통이 발달되어 있습니다.

4. 선생님은 **計算**이 빠릅니다.

5. **所信**껏 일하는 사람이 필요합니다.

6. **言行**^행이 일치하여 신뢰를 받습니다.

7. **文章**은 문법에 맞게 써야 합니다.

8. 고전에는 선조의 **敎訓**이 담겨 있습니다.

9. 그런 말을 한 **意圖**가 궁금합니다.

10. 합창은 **和音**이 잘 어우러져야 합니다.

[11~14] 다음 한자의 훈(訓: 뜻)과 음(음: 소리)을 쓰세요.

<보기>　　字 → 글자 자

11. 意

12. 讀

13. 信

14. 章

[15~16] 다음 한자와 뜻이 반대 또는 상대되는 한자를 골라 ☐ 안에 그 번호를 쓰세요.

15. **少**: ① 言　② 小　③ 交　④ 老　☐

16. **後**: ① 年　② 下　③ 大　④ 前　☐

[17~18] 다음 한자와 뜻이 같거나 비슷한 한자를 골라 ☐ 안에 그 번호를 쓰세요.

17. 訓: ① 敎 ② 交 ③ 計 ④ 讀 ☐

18. 言: ① 意 ② 章 ③ 音 ④ 語 ☐

[19~20] 다음 한자와 소리(音)는 같으나 뜻(訓)이 다른 한자를 골라 ☐ 안에 그 번호를 쓰세요.

19. 章: ① 場 ② 言 ③ 文 ④ 音 ☐

20. 意: ① 交 ② 訓 ③ 衣 ④ 意 ☐

[21~22] 다음 ☐ 안에 알맞은 한자를 〈보기〉에서 찾아 그 번호를 쓰세요.

〈보기〉
① 太 ② 交 ③ 言 ④ 信
⑤ 訓 ⑥ 讀 ⑦ 計 ⑧ 音

21. 一口二 ☐ : 한 입으로 두 말함

22. 三十六 ☐ : 서른여섯 가지의 계책

[23~24] 다음 뜻에 맞는 한자어를 〈보기〉에서 찾아 ☐ 안에 그 번호를 쓰세요.

〈보기〉
① 計算 ② 信心
③ 花草 ④ 大小

23. 수를 헤아림 ☐

24. 굳게 믿는 마음 ☐

[25~28] 다음 밑줄 친 한자어의 한자를 쓰세요.

〈보기〉 국어 → 國語

25. 우리는 사이좋은 형제입니다.

____

26. 부모님의 사랑은 바다와 같이 깊어요.

____

27. 미술실 옆의 교실이 음악실이에요.

____

28. 오늘은 학교에서 소풍을 갑니다.

____

[29~30] 다음 한자에서 짙게 표시한 획은 몇 번째 쓰는 획인지 〈보기〉에서 찾아 ☐ 안에 그 번호를 쓰세요.

〈보기〉
④ 네 번째　　⑤ 다섯 번째
⑥ 여섯 번째　　⑦ 일곱 번째
⑧ 여덟 번째　　⑨ 아홉 번째

29. 意 ☐

30. 交 ☐

십 년 넘게 전해져 온 예 古, 풀이 오래 자라 쓴 쓸 苦

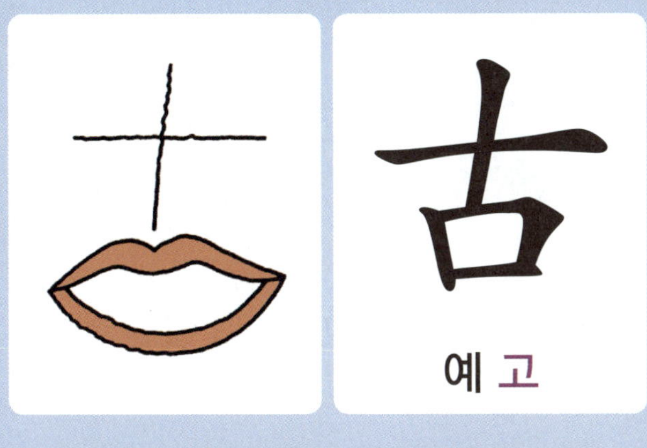

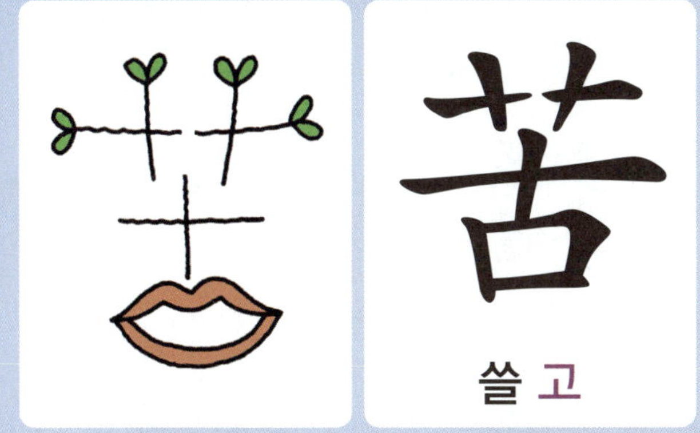

'예 고'는 십 년 넘게(十) 입에서 입으로(口) 전해져 온 옛것을 나타내요.

'쓸 고'는 풀이(++) 오래 자라(古) 억세서 맛이 쓴 것을 나타내요.

풀이말 풀이말을 큰 소리로 읽으며 획을 따라 쓰세요.

따라 써 봐!

| 풀이말 | 십 년 넘게 | 입으로
전해져 온 | 예 고 | 예 □ |

| 풀이말 | 풀이 | 오래 자라 억세서
맛이 쓴 | 쓸 고 | 쓸 □ |

도움말 쓸 고(苦)는 풀 초(++)와 예 고(古)가 합쳐진 글자예요.

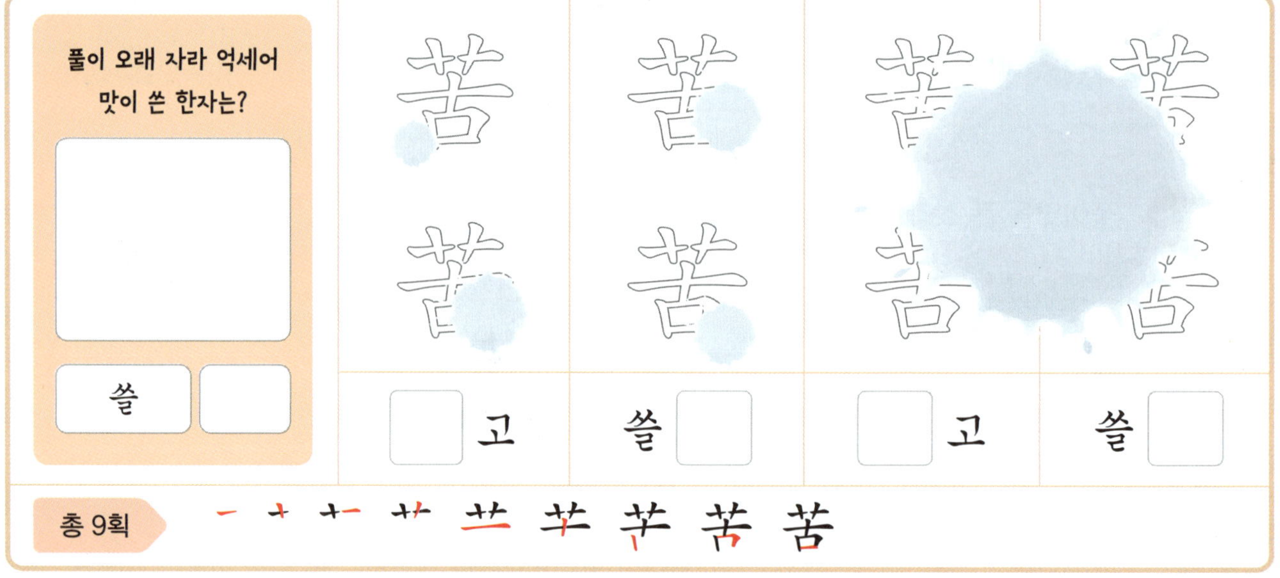

한자 어휘   한자의 음을 쓰세요.

1 오래된 옛 책 **古書**   서
2 괴롭고 고된 삶 **苦生**

3 옛 시대 **古代**   대
4 괴로움과 즐거움 **苦樂**   락

5 예전과 지금 **古今**   금
6 병으로 생기는 괴로움 **病苦**   병

예습! 6급 한자   書(글 서) 代(대신할 대) 樂(즐길 락) 今(이제 금) 病(병 병)   복습! 한자   生(날 생)

 **어휘 활용** 문장을 소리 내어 읽고 한자의 음을 쓰세요.

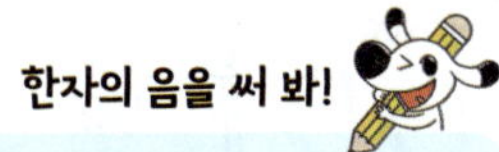

1 할아버지 댁에는 대대로 전해 내려오는
古書가 많습니다.

서

2 할아버지가 **苦生**해서 번 돈으로
손자 신발을 사셨어요.
(국어 3)

3 올림픽의 기원은 **古代** 그리스까지
거슬러 올라갑니다.

대

4 우리는 생사**苦樂**을 함께하기로
약속했습니다.

락

5 박사님의 넓은 지식은 **東西古今**을
넘나듭니다.

금

• 東(동녘 동) 西(서녘 서)

6 나이가 많아질수록 **病苦**에
시달리기 쉬워요.

병

다음 밑줄 친 단어의 한자를 <보기>에서 고르세요.

<보기>　　① 苦生　② 古今　③ 苦樂　④ 病苦　⑤ 古代

1. 온 국민이 고락을 함께합니다. ________

2. 동서고금에 일찍이 없었던 일입니다. ________

3. 할아버지는 오랫동안 병고에 시달렸습니다. ________

4. 고대에 인류는 창으로 사냥을 했습니다. ________

붓 잡고 말 받아쓰는 글 書, 붓 잡듯 해를 붙잡는 낮 晝

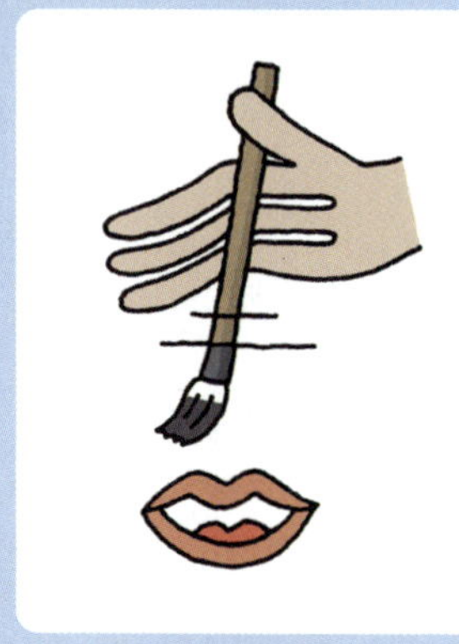 

글 서

낮 주

'글 서'는 손으로(ㅋ) 붓을 잡고(ㅗ)
말하는 것을(曰) 받아쓰는 글을 가리켜요.

'낮 주'는 손으로(ㅋ) 붓을 꽉 잡듯(ㅗ)
해를 땅 위에 붙잡아 두는(旦) 낮을 가리켜요.

 풀이말

풀이말을 큰 소리로 읽으며 획을 따라 쓰세요.

따라 써 봐!

| 풀이말 | 손가락 구부려 | 붓을 잡고 | 말을 받아쓰는 | 글 서 | 글 ☐ |

| 풀이말 | 손가락 구부려 | 붓을 잡듯 | 해를 땅 위에 붙잡는 | 낮 주 | 낮 ☐ |

도움말 ┃ 書(글 서)의 曰(가로 왈)과 晝(낮 주)의 日(날 일)은 모양은 비슷하지만 다른 글자예요. 모양이 비슷한 口(입 구), 曰(가로 왈), 日(날 일)은 잘 구별하세요.

유의어 ┃ 晝(낮 주) ― 午(낮 오)

물방울 한자 물방울 ⬤ 에 가려진 한자를 필순에 맞게 쓰고, 빈칸에 훈과 음을 쓰세요.

붓 잡고 말을 받아쓰는 한자는?			
글 □	□ 서	글 □	□ 서	글 □

총 10획　ㄱ ㄱ ㅋ ㅋ ㅋ ㅋ 聿 書 書 書 書

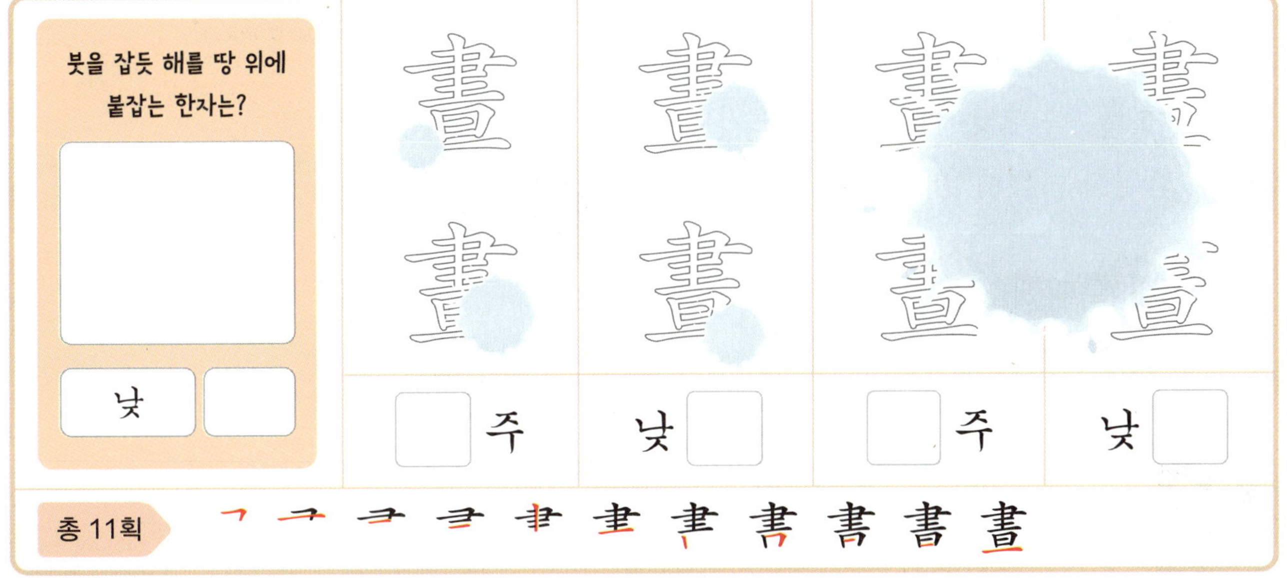

붓을 잡듯 해를 땅 위에 붙잡는 한자는?			
낮 □	□ 주	낮 □	□ 주	낮 □

총 11획　ㄱ ㄱ ㅋ ㅋ ㅋ ㅋ 聿 書 書 書 晝 晝

한자 어휘 한자의 음을 쓰세요.

❶ 낮 동안 **晝間** ▭　　❷ 쓰고 기록하는 **書記** ▭

❸ 낮과 밤 **晝夜** ▭ 야　　❹ 글공부하는 집 **書堂** ▭ 당

❺ 대낮 **白晝** ▭　　❻ 그림, 글, 책 **圖書** 도 ▭

예습! 6급 한자　夜(밤 야) 堂(집 당) 圖(그림 도)　　복습! 한자　間(사이 간) 記(기록할 기) 白(흰 백)

한자의 음을 써 봐!

1 누나는 **晝間**에는 일하고 야간에 공부해요.

2 기록을 맡아보는 사람을 **書記**라고 합니다.

3 **晝夜**로 일에 최선을 다해 성공했습니다. 야

4 옛날 **先祖**들은 **書堂**에서 공부했다고 합니다. 당

• 先(먼저 선) 祖(할아비 조)

5 **白晝**, 즉 대낮에는 햇볕이 뜨거우니 조심하는 것이 좋습니다.

6 **圖書** 검색대에서 책 제목을 검색해서 찾았어요. 도

다음 밑줄 친 단어의 한자를 〈보기〉에서 고르세요.

〈보기〉 ① 晝夜 ② 晝間 ③ 書堂 ④ 圖書 ⑤ 書記

1. 주야로 열심히 공부합니다. __________
2. 서당 개 삼 년에 풍월합니다. __________
3. 좋은 도서를 많이 읽읍시다. __________
4. 토론자의 말을 서기가 받아 적었습니다. __________

09 붓 잡고 밭 그리는 그림 畫, 창고와 창문 그린 그림 圖

그림 화

그림 도

'그림 화'는 손으로 붓을 잡고(聿)
밭을(田) 종이에 그리는(一) 모양이에요.

'그림 도'는 마을 안의(口) 창고와(口)
지붕 아래 창문을(啚) 그린 글자예요.

 **풀이말** 풀이말을 큰 소리로 읽으며 획을 따라 쓰세요.

따라 써 봐!

	畫		畫
손으로 붓을 잡고	밭을 종이에 그리는	그림 화	그림 ☐

圖	圖		圖
마을 안의	창고와	지붕 아래의 창문을 그리는	그림 도	그림 ☐

도움말 畫(그림 화)는 '그을 획'이라는 훈음도 있어요. 圖(그림 도)는 커다란 네모 안에 '모'를 쓰고 그 아래에 '回'를 쓴다고 기억하면
쉬워요.

유의어 畫(그림 화) ― 圖(그림 도)

 **물방울 한자** 물방울 ⬤ 에 가려진 한자를 필순에 맞게 쓰고, 빈칸에 훈과 음을 쓰세요.

붓 잡고 밭을 종이에 그리는 한자는? 그림				
	畫 畫	畫 畫	畫 畫	畫 畫
	☐ 화	그림 ☐	☐ 화	그림 ☐

총 12획　ㄱ ㄱ ㄲ ㄹ 聿 聿 聿 書 書 書 畫 畫

마을 안의 창고와 지붕 아래 창문을 그리는 한자는? 그림				
	圖 圖	圖 圖	圖 圖	圖 圖
	☐ 도	그림 ☐	☐ 도	그림 ☐

총 14획　丨 冂 冂 冂 冋 冋 围 冏 圕 圖 圖 圖 圖 圖

 **한자 어휘** 한자의 음을 쓰세요.

❶ 그림 그리는 사람 **畫家**　　　　　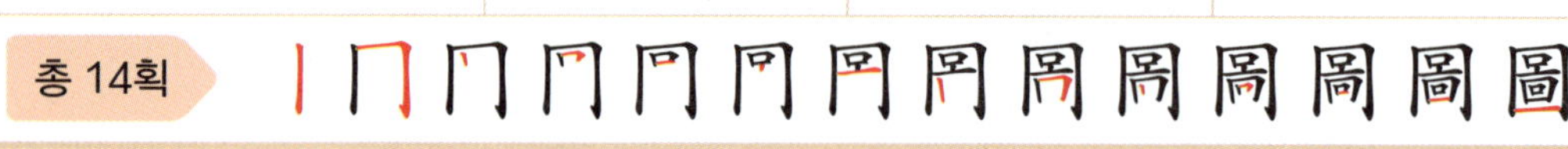

❷ 그림의 모양 **圖形**　　　　형

❸ 그림 그리는 방 **畫室**

❹ 그림으로 나타낸 표 **圖表**　　　　표

❺ 글과 그림 **書畫**

❻ 땅을 그린 **地圖**

예습! 6급 한자　形(모양 형) 表(겉 표)　　복습! 한자　家(집 가) 室(집 실) 地(땅 지)

1 이 그림은 유명한 **畫家**의 대표작입니다.

2 사각형, 원과 같은 것을 **圖形**이라고 해요.

형

3 피카소의 **畫室**은 그림과 조각, 미술품으로 가득 찼습니다.

4 연평균 기온을 **圖表**로 나타내면 한눈에 들어옵니다.

표

5 황진이는 노래와 춤, **書畫**로 이름이 널리 알려졌습니다.

사회 4
6 **地圖**의 방위표를 보고, 장소의 위치를 설명해 봅시다.

도전! 6급 시험

다음 밑줄 친 단어의 한자를 〈보기〉에서 고르세요.

〈보기〉   ① 畫家   ② 書畫   ③ 畫室   ④ 地圖   ⑤ 圖形

1. 그는 공부뿐만 아니라 <u>서화</u>에도 뛰어났습니다. ________

2. 삼각형은 꼭짓점이 셋인 <u>도형</u>입니다. ________

3. 그 그림은 1750년대에 그려진 옛 <u>지도</u>입니다. ________

4. 그 <u>화가</u>는 올 겨울에 전시회를 열 예정입니다. ________

급한 마음 나타내는 급할 急, 실의 수준 뜻하는 등급 級

급할 급

등급 급

'급할 급'은 몸 구부리고 떠나는 사람을
손으로 잡을 만큼(彐) 급한 마음을(心) 나타내요.

'등급 급'은 베를 짤 때 쓰이는
실의(糸) 수준(及), 곧 등급을 나타내요.

 **풀이말** 풀이말을 큰 소리로 읽으며 획을 따라 쓰세요.

따라 써 봐!

풀이말

| 몸 구부린 사람을 | 손으로 잡을 만큼 | 급한 마음을 나타내는 | 급할 급 | 급할 ☐ |

풀이말

| 베를 짤 때 쓰이는 실의 | 수준을 나타내는 | 등급 급 | 등급 ☐ |

도움말 級(등급 급)에서 及(미칠 급, 3급 한자)은 팔 내밀고 엎드린 사람(刀)을 손으로 잡는(又) 모습을 나타내요.

 물방울 한자   물방울 ● 에 가려진 한자를 필순에 맞게 쓰고, 빈칸에 훈과 음을 쓰세요.

떠나는 사람을 손으로 잡을 만큼 급한 마음의 한자는? 급할	急	急	急	急
	☐ 급	급할 ☐	☐ 급	급할 ☐

총 9획   急

베를 짤 때 쓰이는 실의 수준을 나타내는 한자는? 등급	級	級	級	級
	☐ 급	등급 ☐	☐ 급	등급 ☐

총 10획   級

 한자 어휘   한자의 음을 쓰세요.

① 급히 가는 **急行**   ☐행

② 무리의 수준을 구분한 **等級**   등☐

③ 급하고 빠른 **急速**   ☐속

④ 몸무게로 매겨진 등급 **體級**   체☐

⑤ 때가 급하여 바쁜 **時急**   ☐

⑥ 특별한 등급 **特級**   특☐

예습! 6급 한자   行(다닐 행) 等(무리 등) 速(빠를 속) 體(몸 체) 特(특별할 특)   **복습! 한자**   時(때 시)

❶ 急行열차는 10분 후에 도착합니다. 　행

❷ 우리 회사에서는 품질에 따라 제품의
　等級을 구분합니다. 　등

❸ 우리나라 경제는 1970년대에 急速하게
　발전했습니다. 　속

❹ 운동 경기는 體級을 나누어
　하는 경우가 많아요. 　체

❺ 미세먼지에 대한 대책이 時急합니다.

❻ 特級 호텔은 시설이 매우 좋습니다. 　특

다음 밑줄 친 단어의 한자를 〈보기〉에서 고르세요.

〈보기〉　① 急行　② 急速　③ 等級　④ 時急　⑤ 體級

1. 급행열차가 방금 출발했습니다. ________
2. 최근에 급속히 기온이 높아졌습니다. ________
3. 점수에 따라 네 개의 등급으로 나누어집니다. ________
4. 힘을 겨루는 운동은 체급을 정해서 합니다. ________

정답 ❶ 급행 ❷ 등급 ❸ 급속 ❹ 체급 ❺ 시급 ❻ 특급　|　1.① 2.② 3.③ 4.⑤

11 달빛 아래 허리 굽혀 옷 服, 두 발 딛고 활 쏘는 쏠 發

옷 복

쏠 발

'옷 복'은 달빛 아래(月) 허리 굽혀(卩)
손으로 잡은(又) 옷을 나타내요.

'쏠 발'은 두 발 딛고 서서(癶), 활을(弓)
몸 굽혀 손에 잡고(殳) 쏘는 모습을 나타내요.

 풀이말을 큰 소리로 읽으며 획을 따라 쓰세요.

따라 써 봐!

도움말　服(옷 복)은 '옷' 외에 '복종하다' 등의 여러 가지 뜻이 있어요. 發(쏠 발)은 '핀다'는 뜻으로도 쓰여 '필 발'이라는 훈음이 있어요.

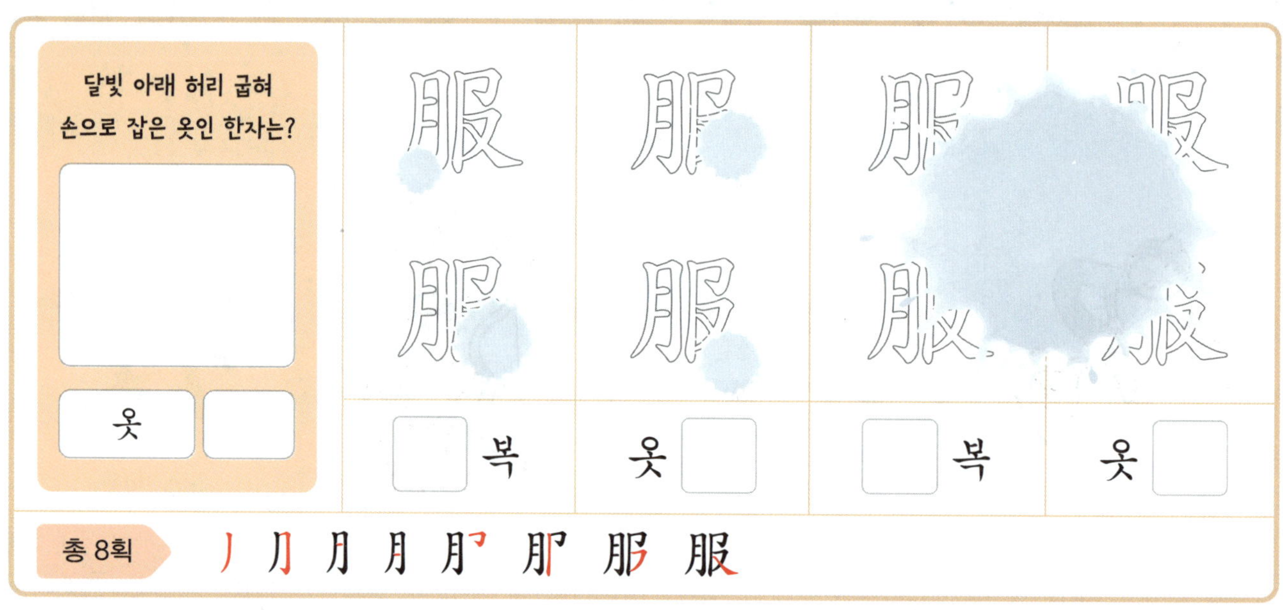

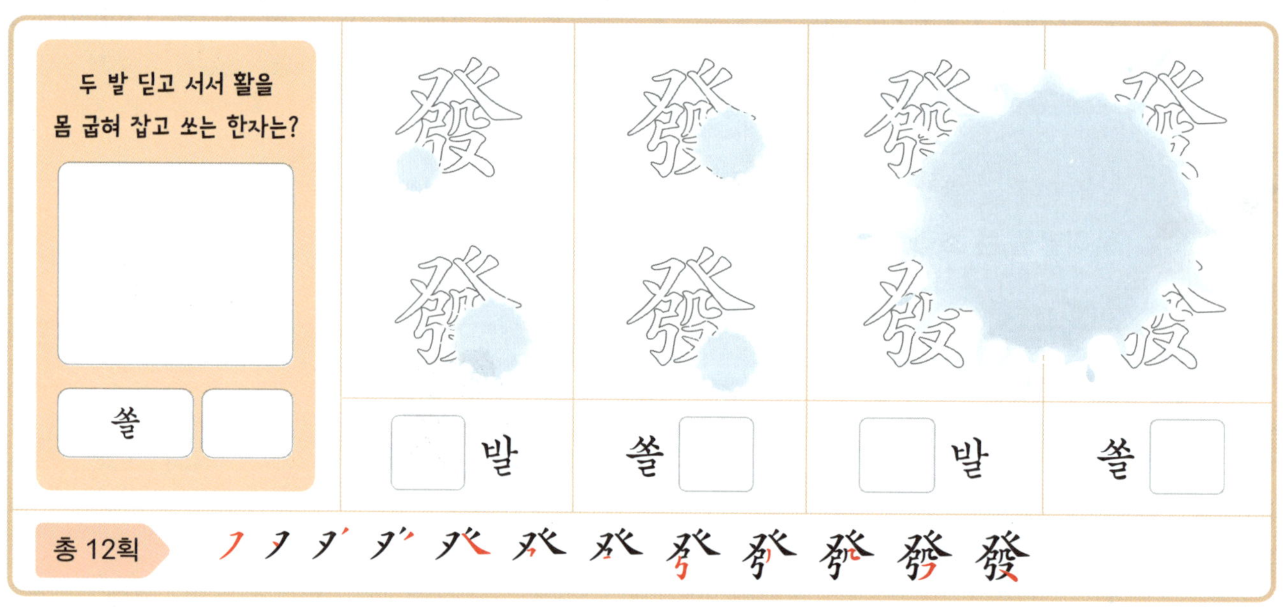

 **한자 어휘** 한자의 음을 쓰세요.

① 서양식 옷 **洋服** 양 ▢

② 활 쏘듯 나아가는 **出發** ▢

③ 약을 먹는 **服用** ▢ 용

④ 신호를 쏘는 **發信** ▢

⑤ 복종하지 않는 **不服** ▢

⑥ 새로운 것을 만드는 **發明** ▢ 명

예습! 6급 한자 洋(큰 바다 양) 用(쓸 용) 明(밝을 명)   **복습! 한자** 出(날 출) 信(믿을 신) 不(아닐 불)

국어 3

1 오늘날에는 서양 사람들이 입던 차림의 옷인 **洋服**을 주로 입습니다.

양 ☐

2 **出發**하기 전에 **地圖**를 보고 가야 할 곳의 위치를 알아보았습니다.

☐ ☐, ☐ ☐

· 地(땅 지) 圖(그림 도)

3 약을 **服用**할 때는 의사와 약사의 지시를 잘 따라야 합니다.

☐ 용

4 휴대전화 **發信**함에서 전화번호를 찾았습니다.

☐ ☐

5 나는 심판의 판정에 **不服**했어요.

☐ ☐

국어 3

6 플라스틱은 과학자인 리오 베이클랜드가 **發明**한 인공 재료입니다.

☐ 명

다음 밑줄 친 단어의 한자를 〈보기〉에서 고르세요.

〈보기〉   ① **洋服**   ② **服用**   ③ **出發**   ④ **發明**   ⑤ **發信**

1. 이 약은 하루 한 번 <u>복용</u>하면 됩니다.   __________
2. 달리기에서 <u>출발</u>이 늦어서 3등을 했습니다.   __________
3. 아빠는 매일 <u>양복</u>을 입고 넥타이를 맵니다.   __________
4. 필요는 <u>발명</u>의 어머니입니다.   __________

💡 빈칸에 알맞은 한자와 훈음을 쓰세요.

書		晝	晝	苦
	그림 도			

	古	級	服	發
급할 급				

圖			急	
	등급 급	쏠 발		그림 화

<보기> 古 苦 書 晝 畫 圖 急 級 服 發

1 [ ] 간에는 일하고 야간에 공부합니다.

2 할아버지는 병 [ ] 에 시달렸습니다.

3 올림픽의 기원은 [ ] 대 그리스까지 거슬러 올라갑니다.

4 지 [ ] 의 방위표를 보고, 장소의 위치를 설명해 봅시다.

5 속도가 빠른 [ ] 행열차가 10분 후에 도착합니다.
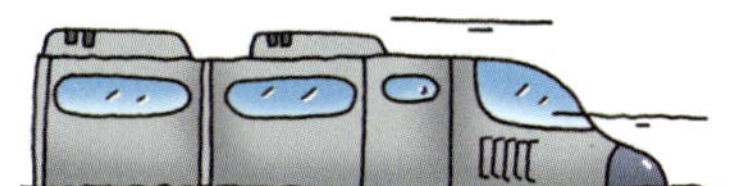

6 달리기에서 출 [ ] 이 늦는 바람에 3등에 그쳤습니다.

7 옛날 선조들은 [ ] 당에서 공부했다고 합니다.

8 오늘날에는 서양 사람들이 입던 차림의 옷인 양 [ ] 을 주로 입습니다.

9 우리 회사에서는 품질에 따라 제품의 등 [ ] 을 구분합니다.

10 피카소 [ ] 실은 그림과 조각, 미술품으로 가득 찼습니다.

6급 급수 시험 예상 문제

[1~10] 다음 한자어의 음(音: 소리)을 쓰세요.

<보기>　漢字 → 한자

1. 그의 지식은 동서 古今금을 넘나듭니다.

____

2. 나는 晝夜야로 최선을 다했습니다.

____

3. 急行행 열차가 방금 출발했습니다.

____

4. 온 국민이 苦樂락을 함께합니다.

____

5. 우리 경제는 急速속히 발전했습니다.

____

6. 엄마와 圖書 전시회에 다녀왔습니다.

____

7. 장영실이 측우기를 發明명했습니다.

____

8. 이 그림은 유명한 畫家가 그렸습니다.

____

9. 품질로 제품의 等등級을 나눕니다.

____

10. 아빠는 洋양服에 넥타이를 맵니다.

____

[11~14] 다음 한자의 훈(訓: 뜻)과 음(音: 소리)을 쓰세요.

<보기>　字 → 글자 자

11. 苦　_______

12. 書　_______

13. 級　_______

14. 服　_______

[15~16] 다음 한자와 뜻이 반대 또는 상대되는 한자를 골라 □ 안에 그 번호를 쓰세요.

15. 足 : ① 車　② 口　③ 九　④ 手　□

16. 春 : ① 秋　② 夏　③ 南　④ 冬　□

[17~18] 다음 한자와 뜻이 같거나 비슷한 한자를 골라 □ 안에 그 번호를 쓰세요.

17. 晝 : ① 苦 ② 急 ③ 服 ④ 午 □

18. 圖 : ① 級 ② 發 ③ 畫 ④ 書 □

[19~20] 다음 한자와 소리(音)는 같으나 뜻(訓)이 다른 한자를 골라 □ 안에 그 번호를 쓰세요.

19. 晝 : ① 川 ② 主 ③ 弟 ④ 古 □

20. 級 : ① 太 ② 言 ③ 計 ④ 急 □

[21~22] 다음 □ 안에 알맞은 한자를 〈보기〉에서 찾아 그 번호를 쓰세요.

〈보기〉
① 古 ② 苦 ③ 書 ④ 晝
⑤ 畫 ⑥ 圖 ⑦ 急 ⑧ 發

21. 白面 □ 生 : 글만 읽느라 세상일은 전혀 모르는 사람

22. 百 □ 百中 : 백 번 쏘아 백 번 맞힘

[23~24] 다음 뜻에 맞는 한자어를 〈보기〉에서 찾아 □ 안에 그 번호를 쓰세요.

〈보기〉
① 讀書 ② 發信
③ 書記 ④ 不服

23. 책을 읽음 □

24. 복종하지 않음 □

[25~28] 다음 밑줄 친 한자어의 한자를 쓰세요.

〈보기〉 국어 → 國語

25. 길을 건널 때는 좌우를 살핍니다.

____

26. 교육은 미래를 위한 투자입니다.

____

27. 제주도의 한라산은 화산입니다.

____

28. 나는 매일 밤 일기를 씁니다.

____

[29~30] 다음 한자에서 짙게 표시한 획은 몇 번째 쓰는 획인지 〈보기〉에서 찾아 □ 안에 그 번호를 쓰세요.

〈보기〉
④ 네 번째 ⑤ 다섯 번째
⑥ 여섯 번째 ⑦ 일곱 번째
⑧ 여덟 번째 ⑨ 아홉 번째

29. 書 □

30. 圖 □

13 눈동자를 그린 눈 目, 구슬을 바라보면 빛이 나타날 現

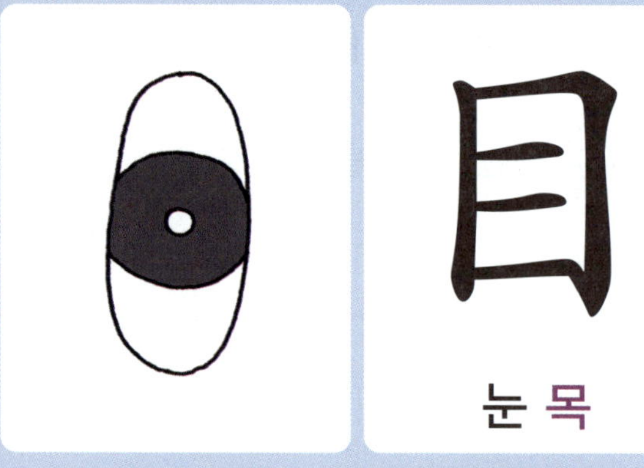

눈 목

'눈 목'은 눈의(冂) 눈동자를(三)
그린 모양이에요.

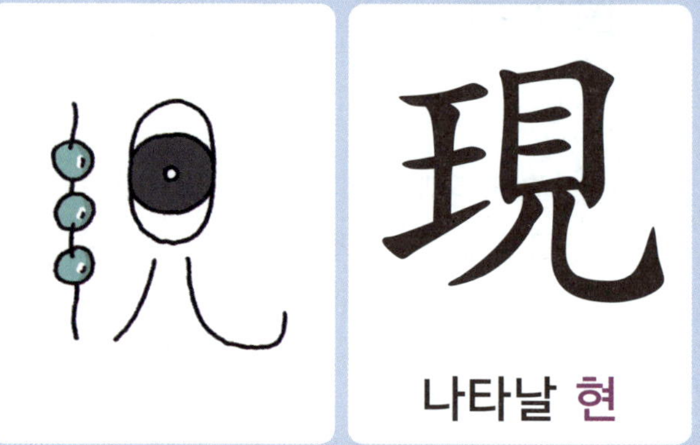

나타날 현

'나타날 현'은 구슬을(王) 바라보면(見)
구슬에서 고운 빛이 나타나는 모습을 표현했어요.

풀이말 풀이말을 큰 소리로 읽으며 획을 따라 쓰세요.

따라 써 봐!

目	目	目	目
눈의	눈동자를 그린	눈 목	눈 ☐
現	現	現	現
구슬을	바라보면 고운 빛이	나타날 현	나타날 ☐

도움말 玉(구슬 옥)은 다른 글자와 함께 부수변으로 쓰일 때는 점을 빼서 王(구슬옥변)으로 써요. 王(임금 왕)과 모양은 비슷하지만 뜻은 달라요.

물방울 한자 물방울 🔵 에 가려진 한자를 필순에 맞게 쓰고, 빈칸에 훈과 음을 쓰세요.

눈의 눈동자를 그린 한자는?	目	目	目	目
눈	□ 목	눈 □	□ 목	눈 □

총 5획 丨 冂 冂 月 目

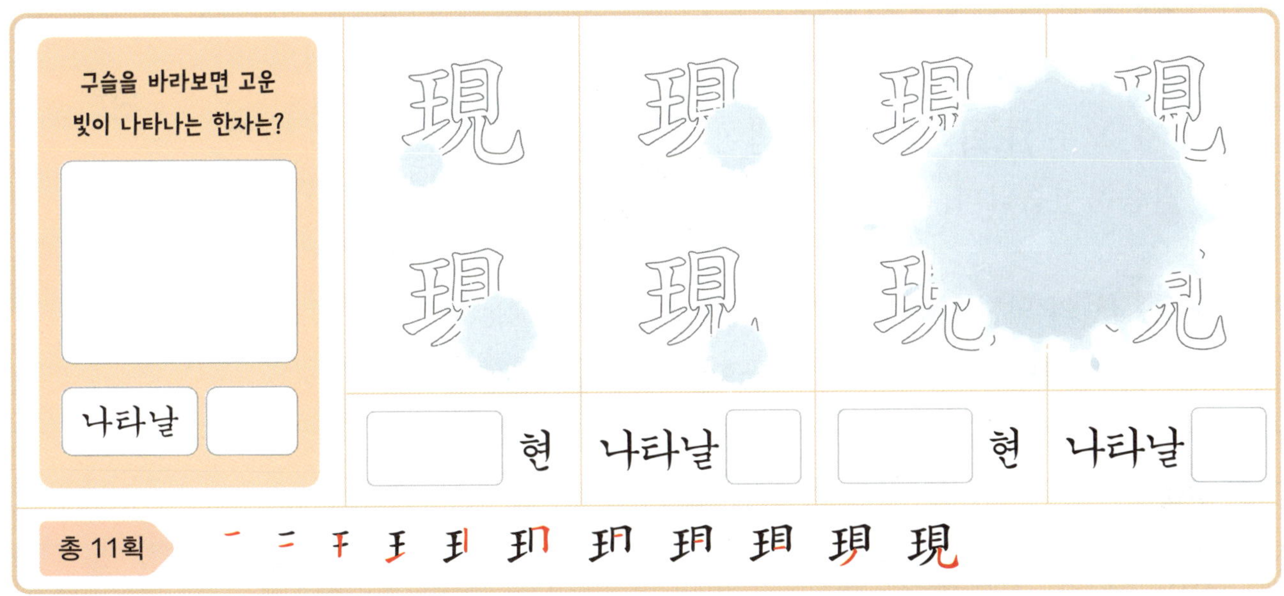

구슬을 바라보면 고운 빛이 나타나는 한자는?	現	現	現	現
나타날	□ 현	나타날 □	□ 현	나타날 □

총 11획 一 二 T 王 玗 玗 玥 玥 玥 現 現

한자 어휘 한자의 음을 쓰세요.

❶ 눈인사 **目禮** 〔 례 〕 ❷ 일이 일어난 장소 **現場** 〔 〕

❸ 얼굴의 생김새 **面目** 〔 〕 ❹ 지금의 시간 **現在** 〔 재 〕

❺ 눈이 머물러 살피는 **注目** 〔 주 〕 ❻ 지금의 시대 **現代** 〔 대 〕

예습! 6급 한자 禮(예도 례) 在(있을 재) 注(부을 주) 代(대신할 대) 복습! 한자 場(마당 장) 面(낯 면)

문장을 소리 내어 읽고 한자의 음을 쓰세요.

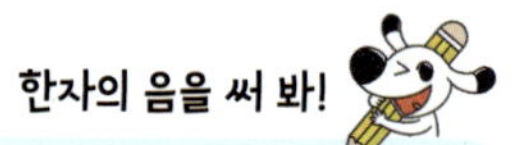

1 하루에 여러 번 마주칠 때는 **目禮**로 가볍게 인사합니다.

□□례

과학 3 **2** 에어로겔은 화재 **現場**의 방화복을 만들 때 이용됩니다.

□□

3 **父母**님을 뵐 **面目**이 없었어요.

□□ , □□

· 父(아비 부) 母(어미 모)

4 물길이 달라지면서 과거의 땅 모습과 **現在**의 땅 모습이 달라졌습니다.

□재

5 "자, 모두 **注目**!" 하고 선생님이 말씀하셨습니다.

주□

과학 4 **6** **現代**의 의학으로 고치기 어려운 병을 치료할 수 있도록 생물을 연구합니다.

□대

다음 밑줄 친 단어의 한자를 <보기>에서 고르세요.

<보기>   ① 現場   ② 注目   ③ 現在   ④ 現代   ⑤ 目禮

1. 현재 점수는 동점이라 결과를 알 수 없습니다. ________

2. 자, 이분을 주목해 주십시오. ________

3. 현대인의 생활은 모두 복잡합니다. ________

4. 복도에서 선생님께 가볍게 목례를 합니다. ________

정답 **1** 목례 **2** 현장 **3** 부모, 면목 **4** 현재 **5** 주목 **6** 현대 | 1.③ 2.② 3.④ 4.⑤

14 사거리를 다닐 行, 사거리에서 좁쌀 나오는 재주 術

다닐 행

재주 술

'다닐 행'은 사람들이 사거리를 왼쪽(彳), 오른쪽으로(亍) 지나다니는 모습을 나타내요.

'재주 술'은 사거리에서(彳) 좁쌀이 술술 나오게 하듯(朮) 어려운 일을 해내는 재주를(亍) 가리켜요.

 풀이말을 큰 소리로 읽으며 획을 따라 쓰세요.

따라 써 봐!

| 풀이말 | 사거리의 왼쪽과 | 오른쪽으로 | 다닐 행 | 다닐 ☐ |

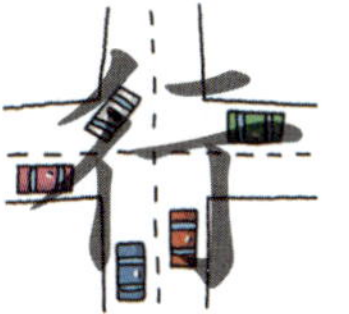

| 풀이말 | 사거리에서 | 좁쌀이 술술 나오게 하듯 | 어려운 일을 해내는 | 재주 술 | 재주 ☐ |

도움말 行(다닐 행)은 '항렬 항'이라는 훈음도 있어요. 항렬은 조상이 같은 후손들의 세대 관계를 구분할 때 쓰는 말이에요.
術(재주 술)에서 朮(차조 출)은 차조 이삭(朮)과 좁쌀(丶)을 그린 글자예요.

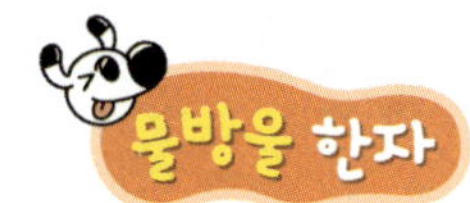

물방울 한자 물방울 에 가려진 한자를 필순에 맞게 쓰고, 빈칸에 훈과 음을 쓰세요.

사람들이 사거리를 다니는 모습을 그린 한자는?

行 行 行 行 行 行 行 行

다닐	

	행	다닐			행	다닐	

총 6획 ノ ⺈ 彳 彳 行 行

사거리에서 좁쌀이 나오게 하듯 재주 부리는 한자는?

術 術 術 術 術 術 術 術

재주	

	술	재주			술	재주	

총 11획 ノ ⺈ 彳 彳 行 行 徘 徘 徘 徘 術

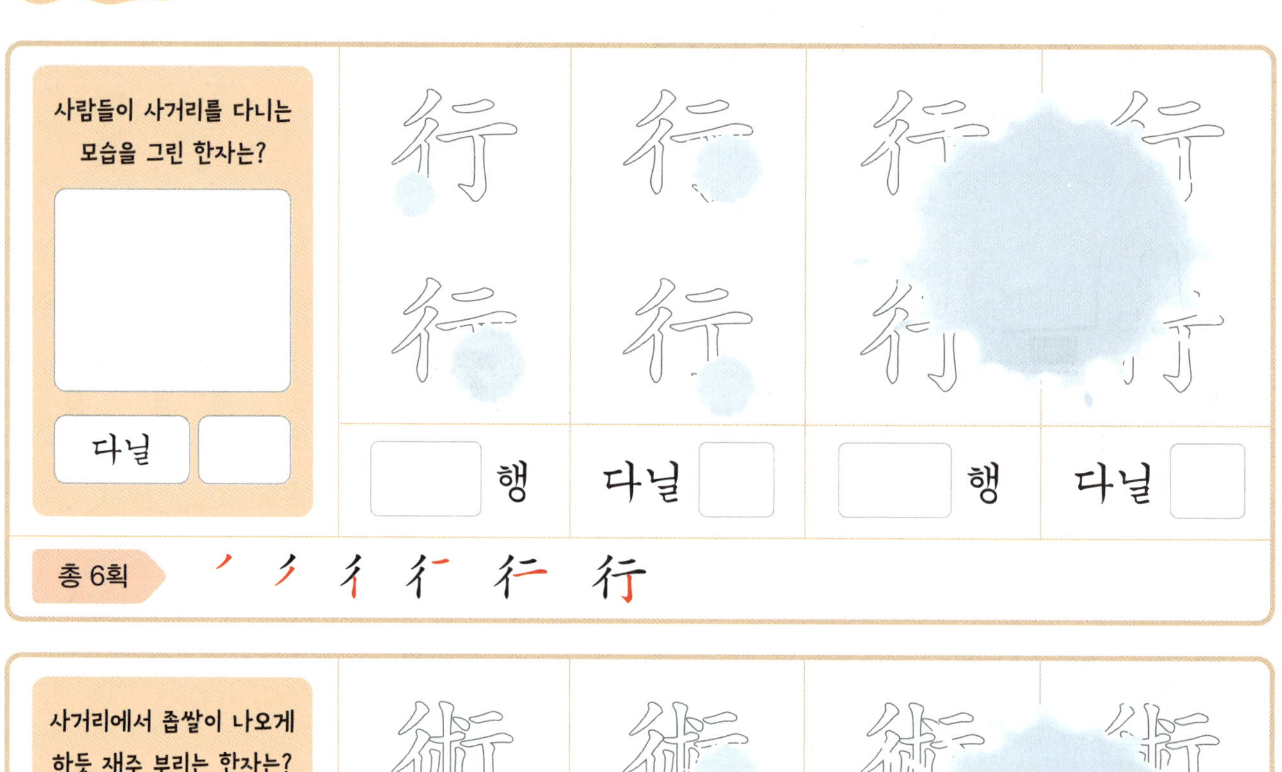

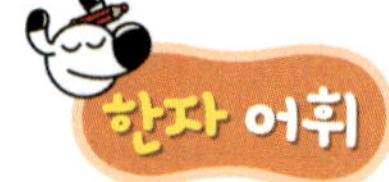

한자 어휘 한자의 음을 쓰세요.

❶ 몸을 움직여 다니는 行動 ( )

❷ 병을 고치는 재주 醫術 (의)

❸ 간 곳이나 방향 行方 ( )

❹ 손으로 병 고치는 기술 手術 ( )

❺ 부모를 섬기는 행실 孝行 ( )

❻ 싸우는 기술 戰術 (전)

예습! 6급 한자 醫(의원 의) 戰(싸움 전) **복습!** 한자 動(움직일 동) 方(모 방) 手(손 수) 孝(효도 효)

 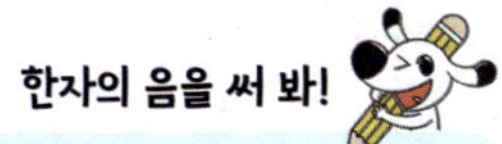

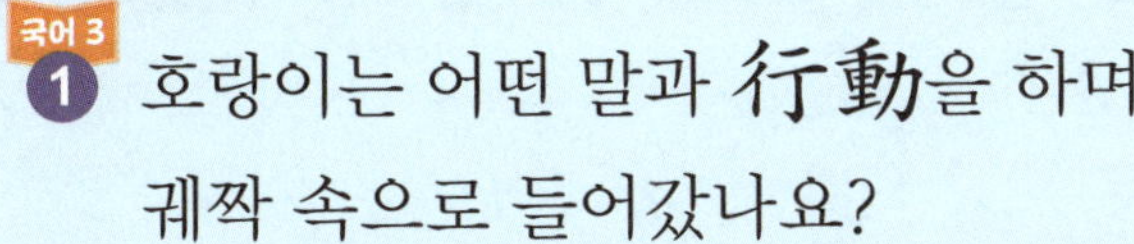

국어 3
1 호랑이는 어떤 말과 **行動**을 하며 궤짝 속으로 들어갔나요?

2 허준은 《동의보감》을 지어 **醫術**을 널리 알렸습니다.

의 □

3 어머니는 **家出**한 아들의 **行方**을 몰라 애를 태웠어요.

□ □ ,
• 家(집 가) 出(날 출)

국어 3
4 블링크 아저씨는 외국에서 안구를 기증받아 **手術**을 받고 돌아오셨어요.

5 심청의 **孝行**은 마을에서 모르는 사람이 없었습니다.

6 이순신 장군은 뛰어난 **戰術**로 적을 물리쳤습니다.

전 □

다음 밑줄 친 단어의 한자를 〈보기〉에서 고르세요.

〈보기〉   ① 行動   ② 手術   ③ 醫術   ④ 戰術   ⑤ 行方

1. 한국은 <u>의술</u>이 뛰어난 나라입니다. ________

2. 우리 팀은 공격 축구로 <u>전술</u>을 바꾸었습니다. ________

3. 나쁜 <u>행동</u>을 하면 벌을 받습니다. ________

4. 그의 <u>행방</u>을 아는 사람은 아무도 없습니다. ________

이쪽저쪽 갈라진 각각 各, 발길 따라 만들어지는 길 路

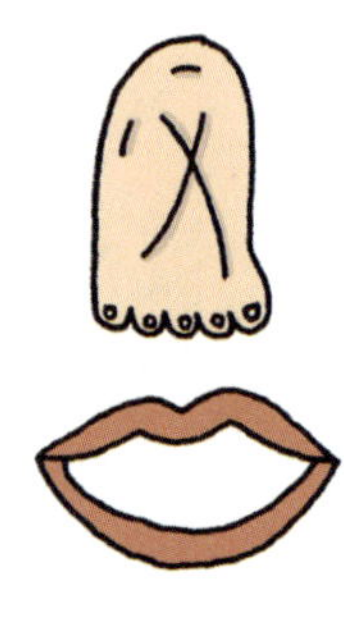

각각 **각**

길 **로**

'각각 각'은 이쪽저쪽으로 갈라져(夊)
제각각 입 열고 말하는(口) 모습을 나타내요.

'길 로'는 발길에 따라(足)
각각 만들어지는(各) 길을 가리켜요.

 **풀이말**   풀이말을 큰 소리로 읽으며 획을 따라 쓰세요.

따라 써 봐!

		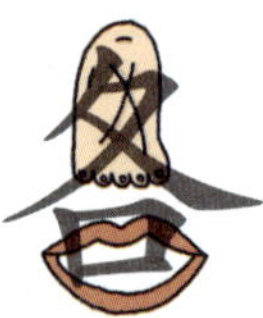	
이쪽저쪽으로 갈라져 제각각	입 열고 말하는	각각 각	각각

발길에 따라	각각 만들어지는	길 로	길

도움말   各(각각 각)에서 夊(뒤져 올 치)는 아래로 향하는 발을 그려, 내려오거나 뒤처져 오는 걸 나타내요. 路(길 로)에서 𧾷(발 족 변)은 足(발 족)을 줄여 쓴 모양이에요.

유의어   路(길 로) ─ 道(길 도)

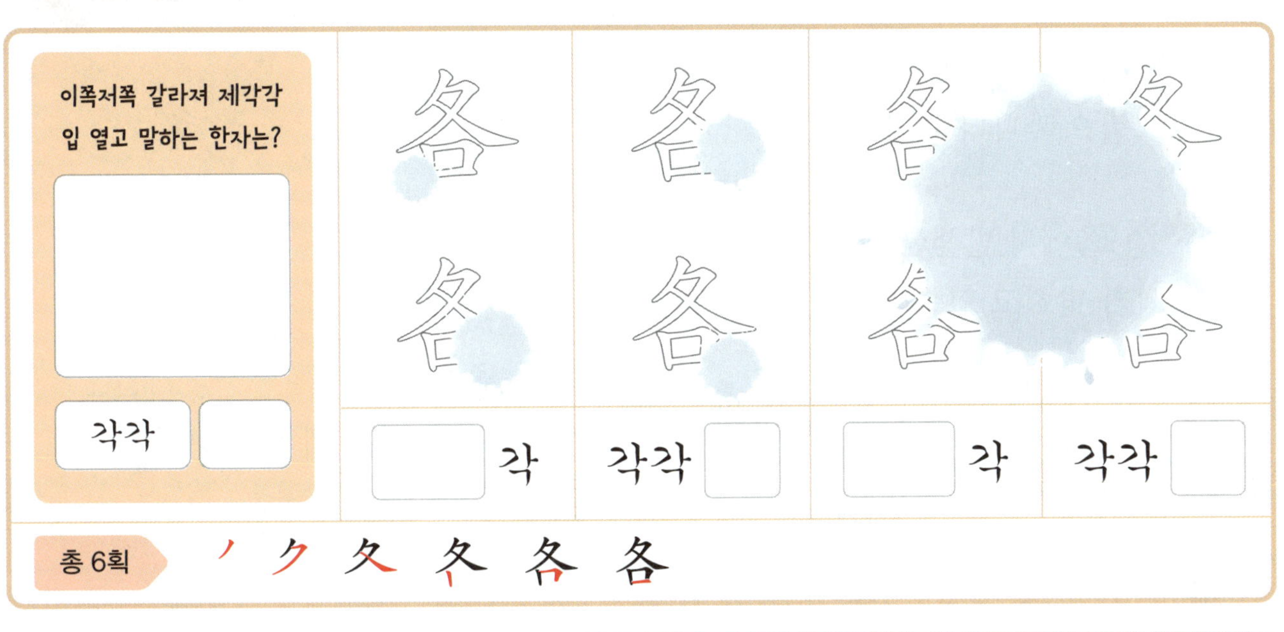

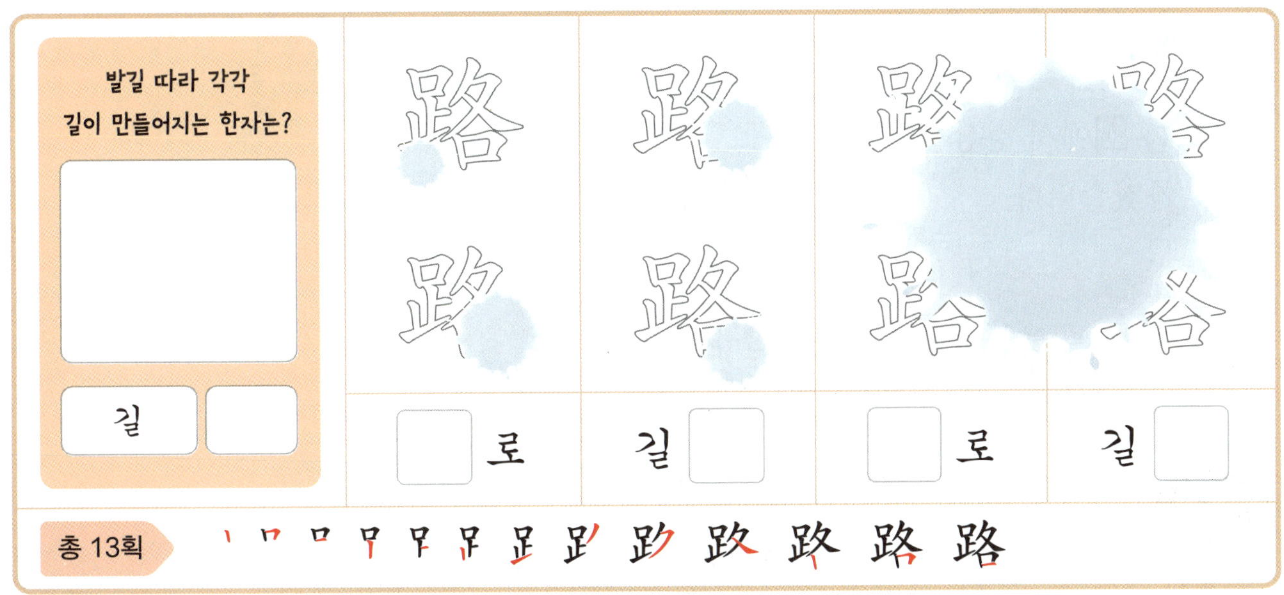

 **한자 어휘** 한자의 음을 쓰세요.

❶ 각각의 자기 자신 **各自**

❷ 사람, 차가 다니는 길 **道路**

❸ 각각의 분야 **各界**   계

❹ 바닷길 **海路**

❺ 각 나라 **各國**

❻ 길바닥 **路面**

예습! 6급 한자 界(지경 계)   복습! 한자 自(스스로 자) 道(길 도) 海(바다 해) 國(나라 국) 面(낯 면)

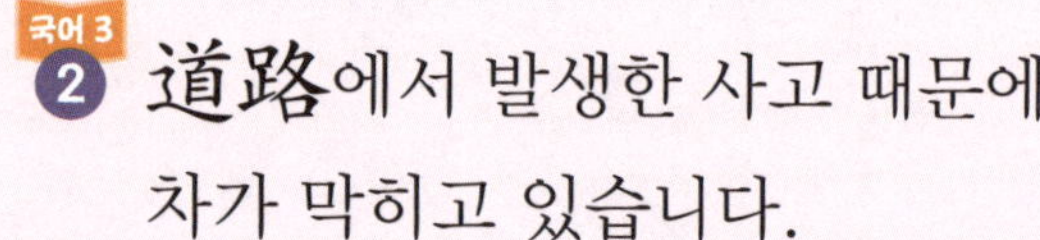

문장을 소리 내어 읽고 한자의 음을 쓰세요.

과학 4
1 **各自** 그리고 싶은 행성을 정하고
그림으로 나타내 봅시다.

국어 3
2 **道路**에서 발생한 사고 때문에
차가 막히고 있습니다.

3 불우 이웃 돕기 운동에 **各界**의
온정이 쏟아졌습니다.

계

4 콜럼버스는 험난한 **海路**를 지나
신대륙을 발견했어요.

5 **各國**에서 정상들이 회담을
가졌습니다.

6 **路面**이 울퉁불퉁하니 운전 조심하세요!

다음 밑줄 친 단어의 한자를 〈보기〉에서 고르세요.

〈보기〉　① 各自　② 各界　③ 各國　④ 路面　⑤ 道路

1. 교통사고로 도로가 꽉 막혔습니다. ________

2. 각자 맡은 일에 충실합시다. ________

3. 사회 각계의 유명한 분들이 모였습니다. ________

4. 비가 와서 노면이 미끄럽습니다. ________

정답 **1** 각자 **2** 도로 **3** 각계 **4** 해로 **5** 각국 **6** 노면 | 1. ⑤ 2. ① 3. ② 4. ④

16 손 모아 마음 졸이는 사랑 愛, 집에서 느리게 걷는 뜰 庭

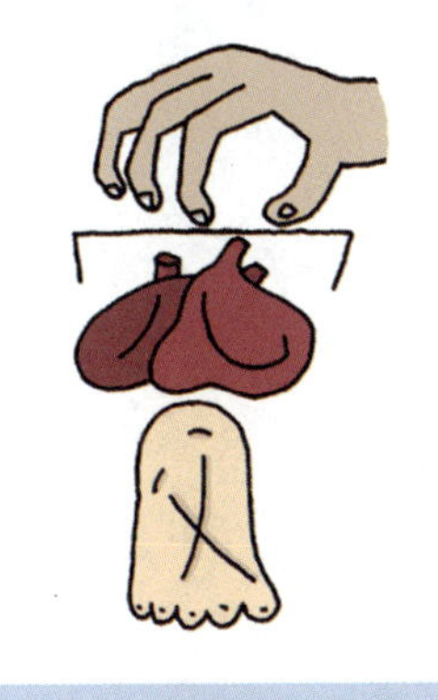

사랑 애

뜰 정

'사랑 애'는 손가락을 모아 가슴을 덮고(爫)
마음 졸이며(心) 사랑하는 사람의 뒤를 따르는(夂)
모습을 나타내요.

'뜰 정'은 큰 집의 뜰에서(广) 배가 불룩한 사람이(壬)
느릿느릿 걷는(廴) 모습을 나타내요.

풀이말을 큰 소리로 읽으며 획을 따라 쓰세요.

따라 써 봐!

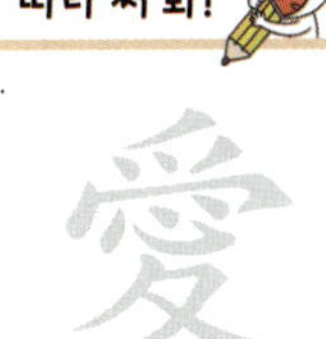

| 풀이말 | 손가락 모아 가슴을 덮고 | 마음 졸이며 | 사랑하는 사람의 뒤를 따르는 | 사랑 애 | 사랑 □ |

| 풀이말 | 큰 집 뜰에서 | 배 불룩한 사람이 | 느릿느릿 걷는 | 뜰 정 | 뜰 □ |

 庭(뜰 정)에서 廷(조정 정)은 壬(북방 임)을 먼저 쓰고 廴(길게 걸을 인)을 나중에 써요.

물방울 한자 물방울 💧 에 가려진 한자를 필순에 맞게 쓰고, 빈칸에 훈과 음을 쓰세요.

손 모아 가슴 덮고 마음 졸이며 뒤따르는 한자는?

사랑

□ 애   사랑 □   □ 애   사랑 □

총 13획 

큰 집 뜰에서 배 볼록한 사람이 느리게 걷는 한자는?

뜰

□ 정   뜰 □   □ 정   뜰 □

총 10획 ` 广 广 广 庄 庄 庭 庭 庭

한자 어휘 한자의 음을 쓰세요.

❶ 겨레를 사랑하는 **愛族**   □ 족

❷ 집 안의 뜰과 동산 **庭園**   □ 원

❸ 즐겨 쓰는 **愛用**   □ 용

❹ 한 가족이 사는 집 **家庭**   □

❺ 가까이 사랑하는 **親愛**   친 □

❻ 결혼한 여자의 본집 **親庭**   친 □

예습! 6급 한자 族(겨레 족) 園(동산 원) 用(쓸 용) 親(친할 친)   복습! 한자 家(집 가)

한자의 음을 써 봐!

① 의병 활동은 평범한 백성들의 **愛國 愛族** 의식에서 시작되었습니다.

☐ , ☐ 족

• 國(나라 국)

② [국어 3] 오늘 장미를 우리 집 **庭園**으로 옮겨 심었어요.

☐ 원

③ 오빠는 자전거를 **愛用**해요.

☐ 용

④ 한 **家庭**을 이루고 사는 사람을 '가족 구성원'이라고 합니다.

☐

⑤ 국회 의원은 "**親愛**하는 국민 여러분!" 이라고 외치며 연설을 시작했습니다.

친 ☐

⑥ 어머니는 오랜만에 **親庭**에 가셨습니다.

친 ☐

다음 밑줄 친 단어의 한자를 〈보기〉에서 고르세요.

〈보기〉 ① 愛用 ② 親愛 ③ 庭園 ④ 親庭 ⑤ 家庭

1. 할아버지는 퇴직 후에 <u>정원</u>을 가꾸며 지냅니다. ________

2. 그녀는 <u>가정</u>을 이루고 행복하게 삽니다. ________

3. 나는 새로 나온 거품 비누를 <u>애용</u>하고 있습니다. ________

4. <u>친애</u>하는 국민 여러분, 저를 믿어 주세요. ________

17 집 안으로 한 발 디뎌 정할 定, 글머리에 붙이는 제목 題

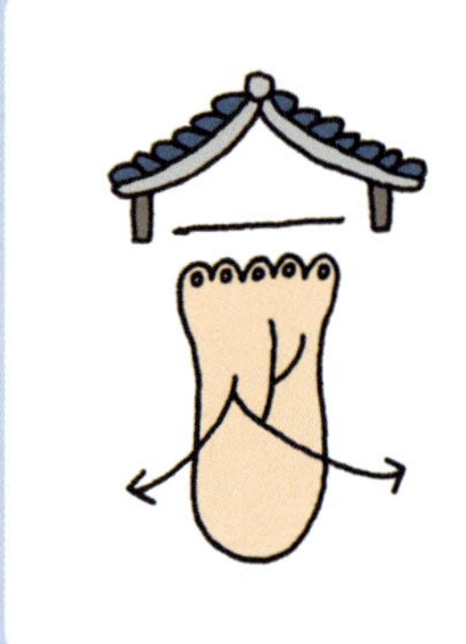

정할 정

제목 제

'정할 정'은 집 안으로(宀) 한 발 디뎌 머물 곳을 정하는(𤴓) 모습을 나타내요.

'제목 제'는 올바르게(是) 글머리에(頁) 붙인 주제를 나타내요.

풀이말을 큰 소리로 읽으며 획을 따라 쓰세요.

풀이말	집 안으로	한 발 디뎌 머물 곳을 정하는	정할 정	정할 □

풀이말	올바르게	글머리에 붙인 주제	제목 제	제목 □

도움말 題(제목 제)에서 是(옳을 시)는 해(日)를 향해 한 발(一疋) 디딘 모습으로 '옳다'는 뜻을 나타내요.

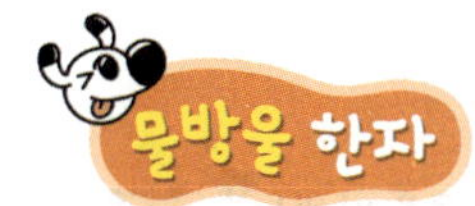

물방울 한자 물방울 에 가려진 한자를 필순에 맞게 쓰고, 빈칸에 훈과 음을 쓰세요.

집 안으로 한 발 디뎌 머물 곳을 정하는 한자는?

정할	

定 定 定 定
定 定 定 定

( ) 정	정할 ( )	( ) 정	정할 ( )

총 8획

올바르게 글머리에 붙인 주제를 나타낸 한자는?

제목	

題 題 題 題
題 題 題 題

( ) 제	제목 ( )	( ) 제	제목 ( )

총 18획

한자 어휘 한자의 음을 쓰세요.

1. 하나로 정해져 있는 一定 ( )
2. 글머리에 붙이는 題目 ( )
3. 편안히 정함 安定 ( )
4. 책에 붙이는 제목 題號 (호)
5. 일정하게 정한 방식 定式 (식)
6. 책의 겉에 쓰는 제목 表題 (표)

예습! 6급 한자 號(이름 호) 式(법 식) 表(겉 표) 복습! 한자 一(한 일) 目(눈 목) 安(편안 안)

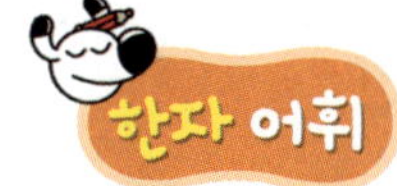

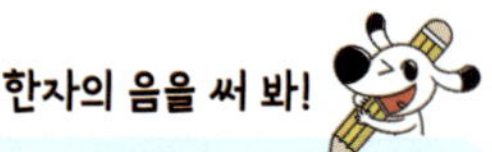

❶ 나무, 철, 플라스틱 등은 **一定**한 모양과 크기를 가지고 있습니다.

국어 3
❷ 글쓴이는 왜 **題目**을 〈옷차림이 바뀌었어요〉라고 했을까요?

수학 4
❸ 행글라이더 날개는 삼각형 모양이라 더 빠르고 **安定**적이래요.

❹ 출판사에서는 새로 창간한 문학잡지의 **題號**를 '문학마을'로 정했습니다.

호

❺ 화가인 **三寸**은 미술협회에 **定式**으로 가입했어요.

식
• 三(석 삼) 寸(마디 촌)

❻ 그 책은 《조선의 미》라는 **表題**가 붙은 아주 낡은 책이었습니다.

표

다음 밑줄 친 단어의 한자를 〈보기〉에서 고르세요.

〈보기〉   ① 安定   ② 定式   ③ 題目   ④ 題號   ⑤ 表題

1. 이 노래 제목이 생각나지 않네요. ________

2. 치솟던 달걀 가격이 안정되었습니다. ________

3. 제호를 붓글씨로 멋있게 썼습니다. ________

4. 그는 정식으로 사과했습니다. ________

 빈칸에 알맞은 한자와 훈음을 쓰세요.

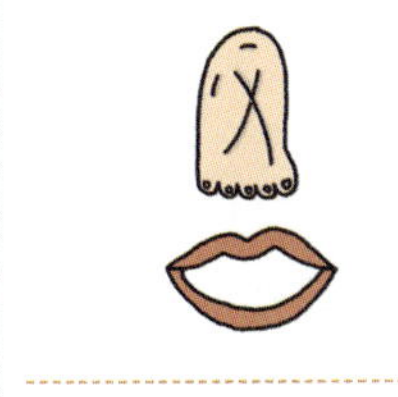

各

路

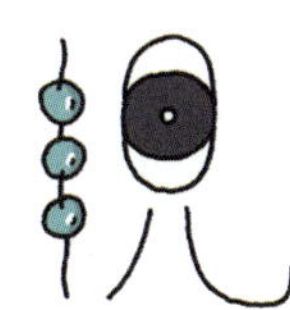

나타날 현

庭

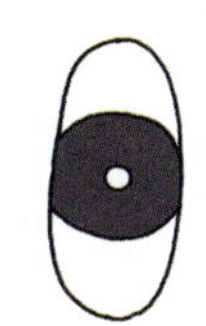

눈 목

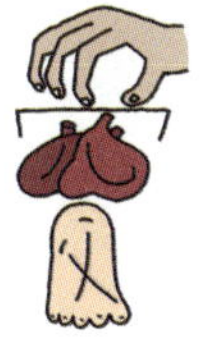

사랑 애

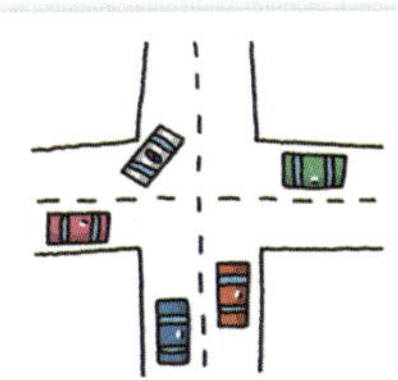

行

術

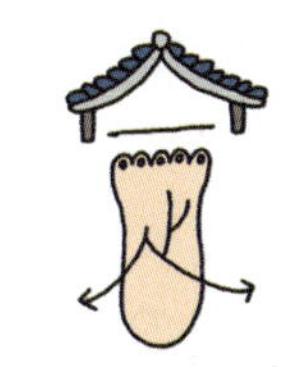

定

題

길 로

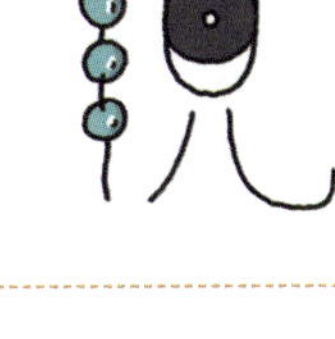

現

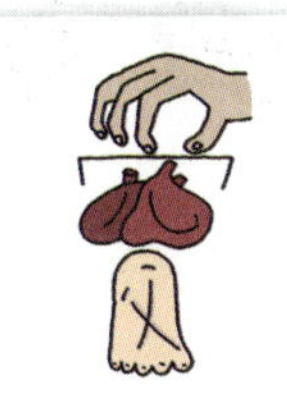

愛

뜰 정

재주 술

〈보기〉 目 現 行 術 各 路 愛 庭 定 題

❶ 우리 집   원에 꽃이 활짝 피었습니다.

❷ 물길이 달라지면서   재의 땅 모습이 달라졌습니다.

❸ 도   에서 발생한 사고 때문에 차가 막히고 있습니다.

❹   자 분류한 결과를 친구들과 함께 이야기해 봅시다.

❺ 글쓴이는 왜   목을 〈옷차림이 바뀌었어요〉라고 했을까요?

❻ 허준은 《동의보감》을 지어 의   을 널리 알렸습니다.

❼ 오빠는 자전거를   용해요.

❽ 자, 여기를 주   해 주십시오.

❾ 치솟던 달걀 가격이 안   을 되찾았습니다.

❿ 어머니는 가출한 아들의   방을 몰라 애를 태웠습니다.

6급 급수 시험 예상 문제

[1~10] 다음 한자어의 음(音: 소리)을 쓰세요.

<보기>　漢字 → 한자

1. **各自** 맡은 일을 열심히 합니다.

____

2. 교통사고로 **道路**가 꽉 막혔습니다.

____

3. **現在**^재 우리는 우주까지 갈 수 있습니다.

____

4. 사회의 **安定**을 유지해야 합니다.

____

5. 나는 화목한 **家庭**에서 자랐습니다.

____

6. 형은 새로 나온 샴푸를 **愛用**^용해요.

____

7. 재미있었던 책의 **題目**을 써 봅시다.

____

8. 저를 **注**^주**目**해 주세요.

____

9. 우리의 생각을 **行動**으로 옮깁시다.

____

10. 한국은 **醫**^의**術**이 뛰어난 나라입니다.

____

[11~14] 다음 한자의 훈(訓: 뜻)과 음(音: 소리)을 쓰세요.

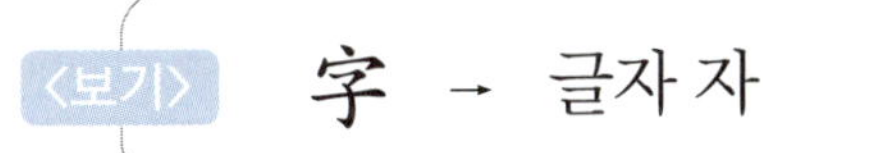

<보기>　字 → 글자 자

11. **現** _____________

12. **術** _____________

13. **愛** _____________

14. **題** _____________

[15~16] 다음 한자와 뜻이 반대 또는 상대되는 한자를 골라 ☐ 안에 그 번호를 쓰세요.

15. **出**: ① **行** ② **住** ③ **入** ④ **色**　☐

16. **夏**: ① **冬** ② **每** ③ **各** ④ **林**　☐

[17~18] 다음 한자와 뜻이 같거나 비슷한 한자를 골라 □ 안에 그 번호를 쓰세요.

17. 路: ① 交 ② 道 ③ 各 ④ 愛 □

18. 言: ① 訓 ② 讀 ③ 話 ④ 題 □

[19~20] 다음 한자와 소리(音)는 같으나 뜻(訓)이 다른 한자를 골라 □ 안에 그 번호를 쓰세요.

19. 話: ① 苦 ② 書 ③ 畫 ④ 服 □

20. 庭: ① 正 ② 圖 ③ 急 ④ 發 □

[21~22] 다음 □ 안에 알맞은 한자를 〈보기〉에서 찾아 그 번호를 쓰세요.

〈보기〉
① 目 ② 現 ③ 行 ④ 術
⑤ 南 ⑥ 路 ⑦ 愛 ⑧ 庭

21. 年中 □ 事: 해마다 일정한 시기에 하는 행사

22. □ 男北女: 남쪽 지방 남자가 잘나고 북쪽 지방 여자가 고움

[23~24] 다음 뜻에 맞는 한자어를 〈보기〉에서 찾아 □ 안에 그 번호를 쓰세요.

〈보기〉
① 道路 ② 各自
③ 行方 ④ 現場

23. 사람이나 차가 다니는 길 □

24. 각각의 자기 자신 □

[25~28] 다음 밑줄 친 한자어의 한자를 쓰세요.

〈보기〉 국어 → 國語

25. 수목원에서 자연을 느껴 보세요.

____

26. 백화점은 오전 10시에 문을 엽니다.

____

27. 대문을 여니 조그만 뜰이 보입니다.

____

28. 태풍이 지나갔다니 안심이 됩니다.

____

[29~30] 다음 한자에서 짙게 표시한 획은 몇 번째 쓰는 획인지 〈보기〉에서 찾아 □ 안에 그 번호를 쓰세요.

〈보기〉
⑥ 여섯 번째 ⑦ 일곱 번째
⑧ 여덟 번째 ⑨ 아홉 번째
⑩ 열 번째 ⑪ 열한 번째

29. 愛 □   30. 庭 □

19 사람이 막대 붙여 지을 作, 해가 고개 숙여 만든 어제 昨

지을 작

어제 작

'지을 작'은 사람이(亻) 고개 숙이고(丿)
막대를 붙여 물건을 만드는(乍)
모습을 나타내요.

'어제 작'은 해가(日) 고개 숙이고(丿)
저물어 하루가 지나면 만들어지는(乍)
어제를 가리켜요.

풀이말을 큰 소리로 읽으며 획을 따라 쓰세요.

따라 써 봐!

사람이	고개 숙이고	막대를 붙여 물건을 만드는	지을 작

지을 □

해가	고개 숙이고 저물어	만들어지는	어제 작

어제 □

물방울 한자 물방울 ⬤ 에 가려진 한자를 필순에 맞게 쓰고, 빈칸에 훈과 음을 쓰세요.

사람이 고개 숙이고 막대 붙여 물건을 만드는 한자는?

지을 □

□ 작 지을 □ □ 작 지을 □

총 7획 丿 亻 仁 作 作 作

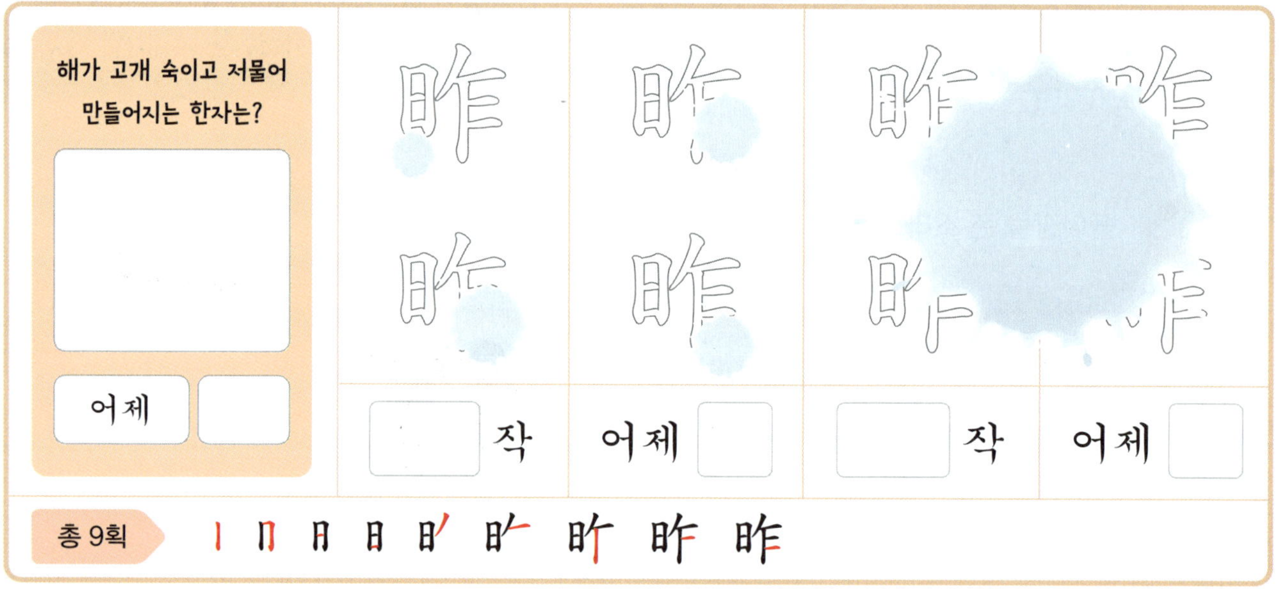

해가 고개 숙이고 저물어 만들어지는 한자는?

어제 □

□ 작 어제 □ □ 작 어제 □

총 9획 丨 冂 日 日 旷 昨 昨 昨

한자 어휘 한자의 음을 쓰세요.

❶ 글을 짓는 사람 **作家**

❷ 지난해 **昨年**

❸ 일을 함 **作業**　　업

❹ 어제 **昨日**

❺ 움직여 만드는 **動作**

❻ 어제와 오늘, 요즈음 **昨今**　　금

예습! 6급 한자 業(업 업) 今(이제 금)　　복습! 한자 家(집 가) 年(해 년) 日(날 일) 動(움직일 동)

한자의 음을 써 봐!

1 이 소설에는 **作家**의 감정이 잘 드러나 있습니다.

국어 4 2 **昨年**에 비가 많이 와서 만강 하류에 있는 도시에 물난리가 났습니다.

3 똑같이 되풀이하는 **作業**은 무척 지루해요.

업

4 항해 일지를 보니 **昨日** 23시부터 전속력으로 항해를 시작했습니다.

미술 3 5 사람들이 어떤 **動作**으로 춤을 추고 있는 것 같나요?

6 잘못된 **昨今**의 현실을 뒤돌아볼 때 모두가 반성해야 합니다.

금

다음 밑줄 친 단어의 한자를 〈보기〉에서 고르세요.

〈보기〉 ① 作家 ② 動作 ③ 昨年 ④ 昨今 ⑤ 作業

1. 달라진 것 없는 작금의 현실에 한숨이 나옵니다. ________

2. 철수는 반응 동작이 매우 빨랐습니다. ________

3. 작년에 이어 올해도 풍년입니다. ________

4. 함께 하는 작업은 협력이 중요합니다. ________

20 나무가 뒤돌아 뻗은 뿌리 根, 쇠가 예뻐 뒤돌아본 은 銀

뿌리 근

'뿌리 근'은 나무가(木) 뒤돌아(艮)
땅속으로 뻗어 내리는 뿌리를 나타내요.

은 은

'은 은'은 쇠붙이(金) 가운데
예뻐서 뒤돌아보게 되는(艮) 은을 가리켜요.

풀이말 풀이말을 큰 소리로 읽으며 획을 따라 쓰세요.

따라 써 봐!

풀이말 나무가	뒤돌아 땅속에 뻗어 내리는	뿌리 근	뿌리 ☐

풀이말 쇠붙이 중에 예뻐서	뒤돌아보게 되는	은 은	은 ☐

도움말 根(뿌리 근)에서 艮(그칠 간)은 고개 돌려 뒤돌아보는 사람을 나타낸 글자예요.

한자 어휘 한자의 음을 쓰세요.

❶ 풀이나 나무의 뿌리 根本 　　　본　　　❷ 돈을 맡기고 빌리는 銀行

❸ 식물의 둥근 뿌리 球根 　구　　　❹ 금과 은 金銀

❺ 말의 뿌리 語根 　　　　　❻ 은백색의 액체 금속 水銀

예습! 6급 한자 本(근본 본) 球(공 구)　　복습! 한자 行(다닐 행 | 항렬 항) 金(쇠 금) 語(말씀 어) 水(물 수)

문장을 소리 내어 읽고 한자의 음을 쓰세요.

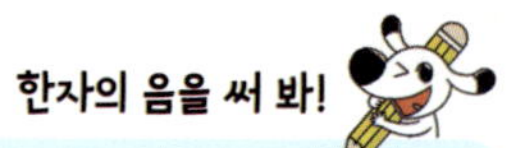

1 이 문제에 대한 **根本**적인 대책이 필요합니다.

☐ 본

2 이곳에는 구청, **市場**, **銀行**, 영화관 등 여러 가지 시설이 있습니다.

☐ , ☐

• 市(저자 시) 場(마당 장)

3 감자와 고구마는 대표적인 **球根** 식물이에요.

구 ☐

4 해적들은 **金銀**보화만 골라서 땅속 깊이 숨겼습니다.

☐ ☐

5 단어에서 중심 의미를 나타내는 부분을 **語根**이라고 합니다.

☐ ☐

6 이 체온계 속에는 **水銀**이 들어 있습니다.

다음 밑줄 친 단어의 한자를 〈보기〉에서 고르세요.

〈보기〉   ① 根本   ② 水銀   ③ 銀行   ④ 金銀   ⑤ 球根

1. 모든 잘못은 그 근본을 바로잡아야 합니다. ________

2. 그는 은행에 가서 통장을 만들었습니다. ________

3. 침몰한 배에는 금은보화가 가득 차 있었습니다. ________

4. 구근 식물에는 물을 지나치게 주면 안 됩니다. ________

정답 **1** 근본 **2** 시장, 은행 **3** 구근 **4** 금은 **5** 어근 **6** 수은 | 1.① 2.③ 3.④ 4.⑤

21

제사 그릇 모양의 머리 頭, 화살과 제사 그릇이 짧을 短

頭
머리 두

'머리 두'는 뚜껑 있는 제사 그릇과(豆)
사람 머리를(頁) 나타내요.

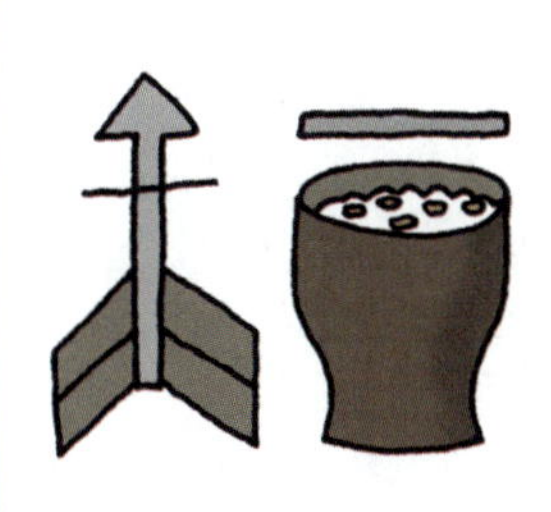

短
짧을 단

'짧을 단'은 길이가 짧은 화살과(矢)
높이가 낮은 제사 그릇을(豆) 나타내요.

풀이말 풀이말을 큰 소리로 읽으며 획을 따라 쓰세요.

따라 써 봐!

풀이말 頭 뚜껑 있는 제사 그릇과	頭 사람 머리 모양이 비슷한	 頭 머리 두	頭 머리 ☐

풀이말 短 길이 짧은 화살과	短 높이 낮은 제사 그릇이 합쳐져	 短 짧을 단	短 짧을 ☐

도움말 頭(머리 두)에서 頁(머리 혈)은 머리에 있는 이마와 코, 목을 뜻해요. 短(짧을 단)에서 矢(화살 시)는 화살촉과 화살대를 나타내요.

반의어 頭(머리 두) ↔ 足(발 족), 短(짧을 단) ↔ 長(긴 장)

 물방울 🔵 에 가려진 한자를 필순에 맞게 쓰고, 빈칸에 훈과 음을 쓰세요.

제사 그릇과 사람 머리를 나타낸 한자는?

머리 | | 두 | 머리 | | 두 | 머리 |

총 16획 　一 丆 百 百 豆 豆 豆 豆 豆 豆 頭 頭 頭 頭 頭 頭

길이 짧은 화살과 높이 낮은 제사 그릇을 나타낸 한자는?

짧을 | | 단 | 짧을 | | 단 | 짧을 |

총 12획 　丿 ㇏ ㇗ 午 矢 矢 矢 知 知 矩 短 短

 한자의 음을 쓰세요.

> 뛰어난 학식이나 재능을 이르는 말로 주로 쓰여요.

① 머리의 뿔 **頭角** 　각

② 작은 키의 몸 **短身** 　신

③ 우두머리 **頭目**

④ 목숨이 짧은 **短命**

⑤ 무리의 맨 앞 **先頭**

⑥ 길고 짧은 **長短**

> 좋은 점과 나쁜 점을 이르는 말로 쓰기도 해요.

예습! 6급 한자 　角(뿔 각) 身(몸 신) 　　복습! 한자 　目(눈 목) 命(목숨 명) 先(먼저 선) 長(긴 장)

76

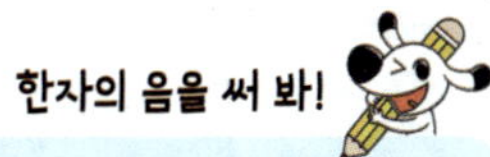

1 도적 무리의 **頭目**을 본 사람은
아무도 없었습니다.

2 메시는 **短身**이지만 아주 뛰어난
축구 선수예요.

신

3 민지는 전학 오자마자 운동에서 **頭角**을
나타냈습니다.

각

4 후세 사람들은 허난설헌의 **短命**을
안타까워했습니다.

5 우리나라 선수가 **先頭**로
결승선에 들어왔습니다.

6 지연이는 다양한 물질로 만든 그릇들의
長短점을 생각해 보았습니다.

점

다음 밑줄 친 단어의 한자를 〈보기〉에서 고르세요.

〈보기〉　　① 頭目　　② 頭角　　③ 先頭　　④ 長短　　⑤ 短身

1. <u>단신</u>이지만 뛰어난 농구 선수도 있습니다. ________

2. 그는 이번 대회에서 <u>두각</u>을 나타냈습니다. ________

3. 드디어 도적 떼의 <u>두목</u>이 잡혔습니다. ________

4. 사람은 누구나 <u>장단</u>점이 있습니다. ________

22

손에서 빠져나가 잃을 失, 구슬처럼 뭉쳐 꿰맨 공 球

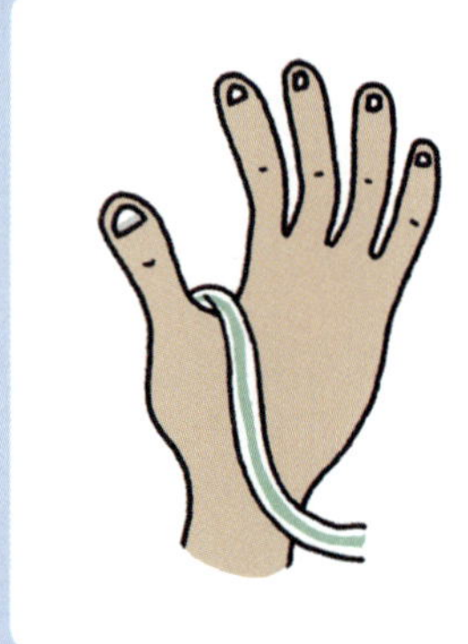

失

잃을 실

球

공 구

'잃을 실'은 손가락 사이로(手)
물건이 빠져나가(丶) 잃는 것을 나타내요.

'공 구'는 구슬처럼 둥글게(王)
가죽을 뭉쳐 꿰맨(求) 공을 말해요.

풀이말을 큰 소리로 읽으며 획을 따라 쓰세요.

따라 써 봐!

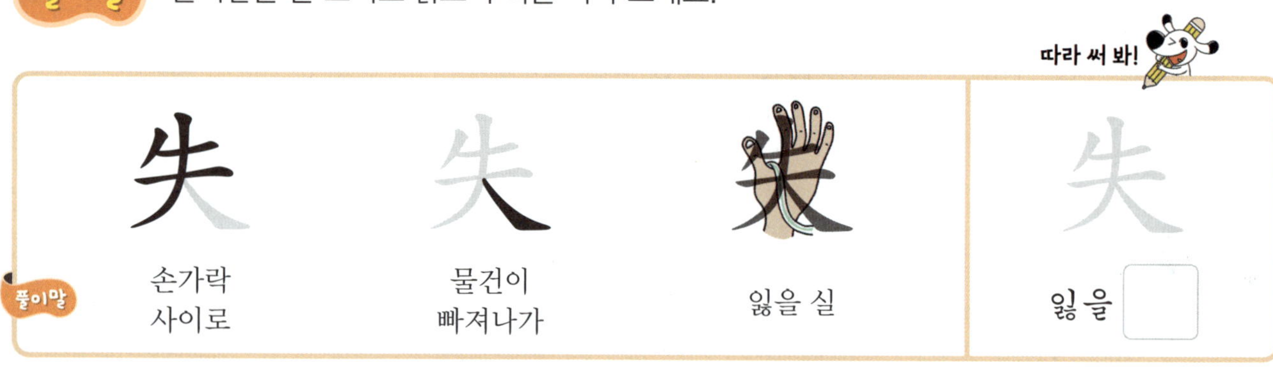

失	失	失	失
손가락 사이로	물건이 빠져나가	잃을 실	잃을

球	球	球	球
구슬처럼 둥글게	가죽을 뭉쳐 꿰맨	공 구	공

도움말 球(공 구)에서 求(구할 구)는 가죽을 뭉쳐 꿰매는 모습으로, 원하는 것을 찾아 구한다는 뜻이에요.

물방울 🔵 에 가려진 한자를 필순에 맞게 쓰고, 빈칸에 훈과 음을 쓰세요.

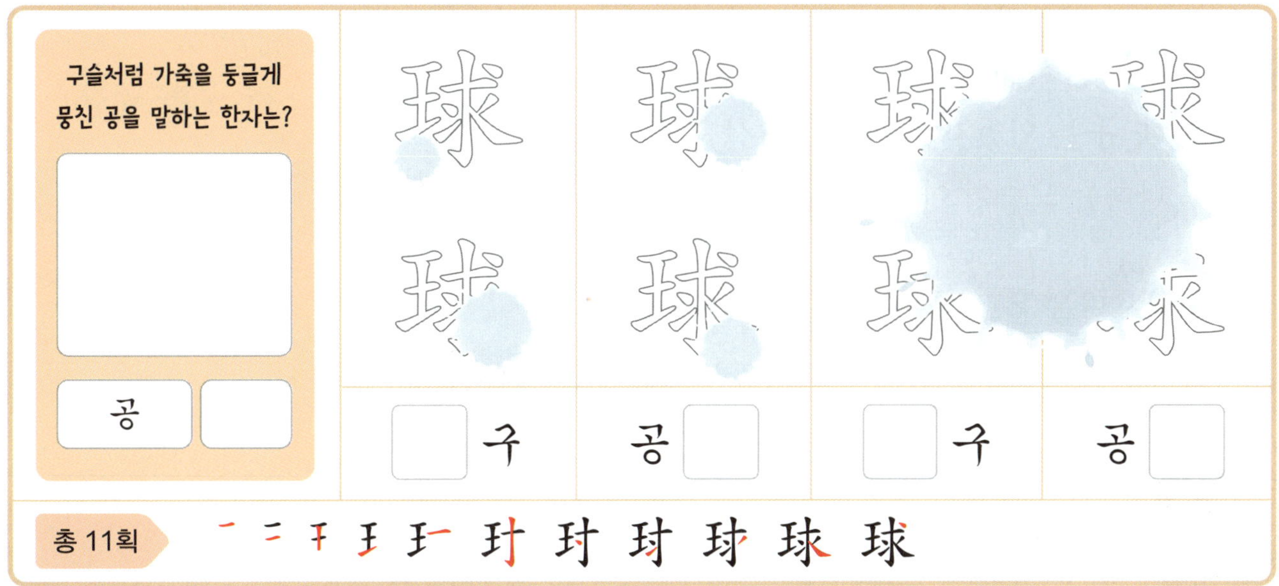

한자의 음을 쓰세요.

① 일자리를 잃는 **失業**   업

② 들판에서 하는 공놀이 **野球**   야

③ 뜻이나 의지를 잃는 **失意**

④ 공 모양의 땅덩어리 **地球**

⑤ 조심하지 않아 잘못함 **失手**

⑥ 동그란 물체의 절반 **半球**   반

예습! 6급 한자 業(업 업) 野(들 야) 半(반 반)   복습! 한자 意(뜻 의) 地(땅 지) 手(손 수)

1 정부는 공공사업을 벌여 **失業** 문제를 해결할 계획입니다.

☐ 업

국어 3
2 **野球**는 상대가 던진 공을 방망이로 치는 운동입니다.

야 ☐

3 아빠는 일자리를 잃어 **失意**에 빠졌습니다.

☐ ☐

과학 3
4 우주에서 본 **地球**가 푸르게 빛나는 보석 같았거든요.

☐ ☐

국어 3
5 **失手**는 있었지만 끝까지 최선을 다하는 모습이 아름다웠습니다.

☐ ☐

6 지구면을 둘로 나눈 한 부분을 **半球**라고 합니다.

반 ☐

도전! 6급 시험

다음 밑줄 친 단어의 한자를 <보기>에서 고르세요.

<보기>　① 失業　② 失手　③ 野球　④ 失意　⑤ 地球

1. 수빈이는 <u>야구</u>를 좋아합니다. ________

2. <u>지구</u>에는 수많은 동물이 살고 있습니다. ________

3. <u>실수</u> 없는 사람은 없습니다. ________

4. 그는 <u>실업</u>으로 허탈과 실의에 빠졌습니다. ________

정답　**1** 실업　**2** 야구　**3** 실의　**4** 지구　**5** 실수　**6** 반구　| 1. ③ 2. ⑤ 3. ② 4. ①

23 양쪽으로 가르는 공평할 公, 두 손으로 받드는 한가지 共

공평할 공

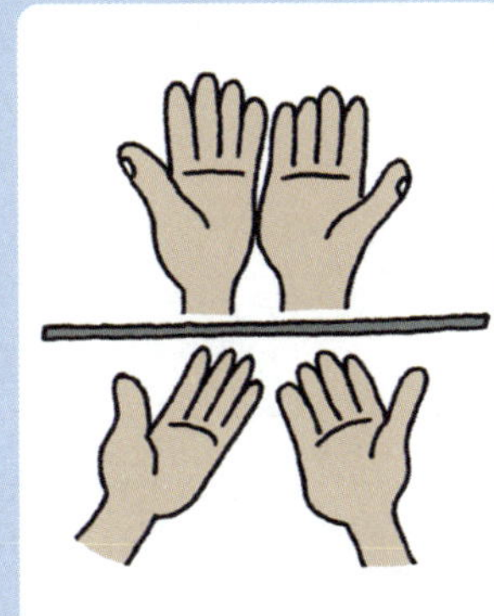 

한가지 공

'공평할 공'은 수확한 곡식을 양쪽으로 갈라(八) 팔을 당겨 내 쪽으로 가져오는(厶) 것을 나타내요.

'한가지 공'은 한 사람이 두 손으로 받들고(廾) 또 다른 사람이 두 손으로 받들어(丌), 두 사람이 한마음임을 나타내요.

 풀이말을 큰 소리로 읽으며 획을 따라 쓰세요.

따라 써 봐!

풀이말	 공평하게 양쪽으로 갈라	 팔 당겨 곡식을 가져오는	 공평할 공	 공평할 ☐

풀이말	 두 손으로 받들고	 또 받들어 한마음이 되는	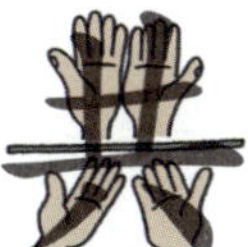 한가지 공	 한가지 ☐

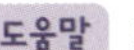 **도움말** 共(한가지 공)에서 '한가지'는 동작이나 성질이 서로 같은 것을 가리켜요.

유의어 共(한가지 공) ― 同(한가지 동)

물방울  에 가려진 한자를 필순에 맞게 쓰고, 빈칸에 훈과 음을 쓰세요.

똑같이 갈라 팔 당겨 가져오는 한자는? 공평할	公 公 公 公 公 公 公 公 □ 공 공평할 □ □ 공 공평할 □
총 4획	ノ 八 公 公

두 손으로 함께 받들어 한마음이 되는 한자는? 한가지	共 共 共 共 共 共 共 共 □ 공 한가지 □ □ 공 한가지 □
총 6획	一 十 卄 푯 共 共

한자 어휘 한자의 음을 쓰세요.

❶ 여럿이 두루 관계되는 **公共** □

❷ 같이 함께하는 **共同** □

❸ 여럿에게 널리 터놓는 **公開** □ 개

❹ 하나로 두루 통하는 **共通** □ 통

❺ 여럿에게 인정된 방식 **公式** □ 식

❻ 남과 같게 느끼는 **共感** □ 감

예습! 6급 한자   開(열 개) 通(통할 통) 式(법 식) 感(느낄 감)   복습! 한자   同(한가지 동)

국어 3
1 公共장소에서는 작은 목소리로 말해요.

과학 3
2 共同 주택에서는 소음이 발생하지 않도록 노력해야 합니다.

3 부모님이 公開 수업을 보러 학교에 오셨어요. 　개

국어 3
4 많은 국민이 共通으로 쓰는 말을 표준어라고 합니다. 　통

5 두 나라 대통령은 公式 회담을 가졌습니다. 　식

국어 4
6 반려동물과 가까운 관계를 맺으며 共感 능력을 기를 수 있어요. 　감

다음 밑줄 친 단어의 한자를 <보기>에서 고르세요.

<보기>　① 公共　② 公式　③ 共同　④ 共感　⑤ 公開

1. 경찰은 공공의 질서를 위해 봉사합니다.　________
2. 공동 주택을 짓고 모여서 삽니다.　________
3. 이 문제는 공식적으로 논의해야 합니다.　________
4. 그 소설에 공감하는 독자들이 많습니다.　________

 빈칸에 알맞은 한자와 훈음을 쓰세요.

				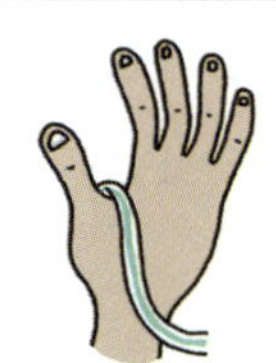
頭	球	昨		失
			공평할 공	
 	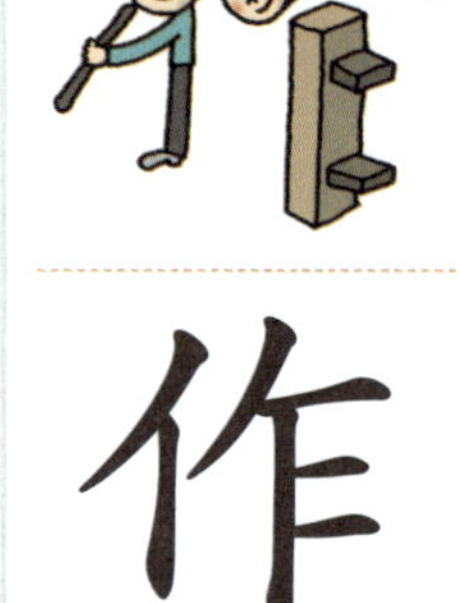		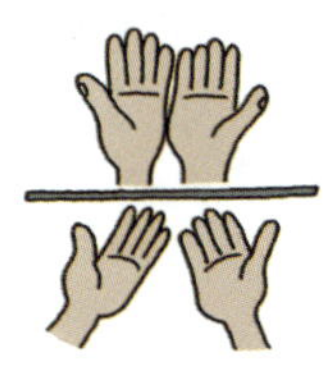	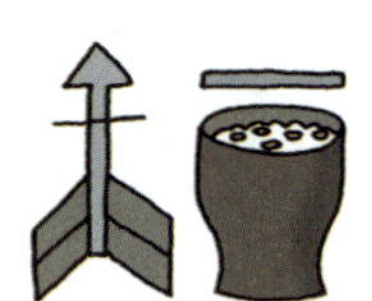
	作	銀	共	短
뿌리 근				

		公	根	
공 구	머리 두			은 은

<보기> 作 昨 根 銀 頭 短 失 球 公 共

1 이 문제에 대한 ☐ 본적인 대책이 필요합니다.

2 다양한 물질로 만든 그릇들의 장 ☐ 점을 생각해 보았습니다.

3 야 ☐ 는 상대가 던진 공을 방망이로 치는 운동입니다.

4 ☐ 금의 현실을 통탄하며 한 말씀 올리겠습니다.

5 이곳에는 구청, 시장, ☐ 행, 영화관 등이 있습니다.

6 민지는 전학 오자마자 운동에서 단연 ☐ 각을 나타냈습니다.

7 사람들이 어떤 동 ☐ 으로 춤을 추고 있는 것 같나요?

8 작은 ☐ 수는 있었지만 끝까지 최선을 다하는 모습이 아름다웠습니다.

9 ☐ 공장소에서는 작은 목소리로 말합니다.

10 ☐ 동주택에서는 소음이 발생하지 않도록 노력해야 합니다.

6급 급수 시험 예상 문제

맞힌 개수 / 30 개

[1~10] 다음 한자어의 음(音: 소리)을 쓰세요.

1. **地球**에는 수많은 동물이 삽니다.

2. 모든 잘못은 **根本**을 바로잡아야 해요.

3. **昨今**ᵍᵘᵐ의 현실을 돌아봅시다.

4. 나는 학업에 **頭角**ᵍᵃᵏ을 드러냈습니다.

5. **短身**ˢⁱⁿ이지만 뛰어난 농구 선수도 있어요.

6. 올여름은 **昨年** 여름보다 더워요.

7. 경찰은 **公共**질서를 위해 봉사합니다.

8. 절약하여 **銀行**에 저금을 합니다.

9. **失手**는 고치면 좋은 경험이 됩니다.

10. 부드러운 **動作**으로 체조를 합니다.

[11~14] 다음 한자의 훈(訓: 뜻)과 음(音: 소리)을 쓰세요.

11. 公

12. 根

13. 銀

14. 失

[15~16] 다음 한자와 뜻이 반대 또는 상대되는 한자를 골라 ⬜ 안에 그 번호를 쓰세요.

15. 短: ① 太 ② 小 ③ 長 ④ 高 ⬜

16. 頭: ① 足 ② 邑 ③ 失 ④ 公 ⬜

[17~18] 다음 한자와 뜻이 같거나 비슷한 한자를 골라 ☐ 안에 그 번호를 쓰세요.

17. 共: ① 外 ② 同 ③ 球 ④ 訓 ☐

18. 章: ① 文 ② 科 ③ 公 ④ 根 ☐

[19~20] 다음 한자와 소리(音)는 같으나 뜻(訓)이 다른 한자를 골라 ☐ 안에 그 번호를 쓰세요.

19. 共: ① 行 ② 空 ③ 金 ④ 定 ☐

20. 球: ① 銀 ② 短 ③ 失 ④ 九 ☐

[21~22] 다음 ☐ 안에 알맞은 한자를 〈보기〉에서 찾아 그 번호를 쓰세요.

〈보기〉
① 作 ② 昨 ③ 根 ④ 銀
⑤ 頭 ⑥ 短 ⑦ 失 ⑧ 球

21. ☐ 心三日 : 단단히 먹은 마음이 사흘을 가지 못함

22. 一長一 ☐ : 장점과 단점을 통틀어 이르는 말

[23~24] 다음 뜻에 맞는 한자어를 〈보기〉에서 찾아 ☐ 안에 그 번호를 쓰세요.

〈보기〉
① 語根   ② 先頭
③ 昨年   ④ 作家

23. 지난해 ☐

24. 무리의 맨 앞 ☐

[25~28] 다음 밑줄 친 한자어의 한자를 쓰세요.

〈보기〉 국어 → 國語

25. 시장에 가서 옷이나 음식을 삽니다.

____

26. 봉투에 주소와 성명을 쓰세요.

____

27. 흰 눈이 온 세상을 덮었습니다.

____

28. 시간 가는 줄 모르고 책을 읽습니다.

____

[29~30] 다음 한자에서 짙게 표시한 획은 몇 번째 쓰는 획인지 〈보기〉에서 찾아 ☐ 안에 그 번호를 쓰세요.

〈보기〉
⑦ 일곱 번째   ⑧ 여덟 번째
⑨ 아홉 번째   ⑩ 열 번째
⑪ 열한 번째   ⑫ 열두 번째

29. 短 ☐   30. 球 ☐

병들어 열나는 병 病, 침 놓고 약 먹이는 의원 醫

병 병

의원 의

'병 병'은 병들어 침대에 누운 채(疒)
몸에서 불꽃처럼 열이 나는(丙)
모습을 나타내요.

'의원 의'는 상자에서 화살 모양의 침을 꺼내(医)
허리 구부려 침을 놓고(殳),
술병의 약을 먹여 병 고치는(酉) 것을 뜻해요.

풀이말

풀이말을 큰 소리로 읽으며 획을 따라 쓰세요.

따라 써 봐!

`丶 亠 广 疒 疒`

풀이말 병들어 누운 채 / 불꽃처럼 열이 나는 /  병 병 / 병 ☐

`一 丁 工 互 妄 妄 医`

풀이말 상자 안 화살 모양 침으로 / 허리 구부려 침 놓고 / 술병의 약 먹여 병 고치는 /  의원 의 / 의원 ☐

도움말 病(병 병)에서 疒(병들 녁)은 병들어 머리를 침대에 뉜 모양이고 丙(불꽃 병)은 아궁이의 불꽃을 나타내요.

醫(의원 의)의 匸(감출 혜)는 상자예요. 그리고 酉(닭/술병 유)는 닭이 둥우리의 횃대에 서 있는 모양 또는 마개 있는 술병 모양을 나타내요.

반의어 病(병 병) ↔ 藥(약 약)

 물방울 <한자>

물방울 ● 에 가려진 한자를 필순에 맞게 쓰고, 빈칸에 훈과 음을 쓰세요.

병들어 누운 채 불꽃처럼 열이 나는 한자는?	病	病	病	病
병	□ 병	병 □	□ 병	병 □

총 10획 　丶 亠 广 广 广 疒 疒 疒 病 病 病

화살 모양 침 놓고 술병의 약 먹여 병 고치는 한자는?	醫	醫	醫	醫
의원	□ 의	의원 □	□ 의	의원 □

총 18획 一 丆 丆 亐 东 医 医 医 医 殹 殹 殹 殹 殹 殹 醫 醫 醫

 <한자> 어휘　한자의 음을 쓰세요.

① 병들어 몸이 약한 病弱　[　약　]　② 의학을 배우는 학과 醫科　[　과　]

③ 병들어 누운 자리 病席　[　석　]　④ 병 고치는 데 쓰는 약 醫藥　[　약　]

⑤ 병이 나는 發病　[　　]　⑥ 병을 잘 고쳐 이름난 의사 名醫　[　　]

예습! 6급 한자　弱(약할 약) 科(과목 과) 席(자리 석) 藥(약 약)　　복습! 한자　發(쏠/필 발) 名(이름 명)

한자의 음을 써 봐!

1 할머니는 늙어서 날이 갈수록 病弱해졌습니다.

약

2 형이 醫科 대학에 입학했습니다.

과

3 아버지는 病席에 누운 지 석 달 만에 건강해지셨습니다.

석

4 醫藥품을 사려면 어디로 가야 하나요?

약　품

5 여름철은 전염병이 發病하기 쉬운 계절이에요.

6 허준은 조선 시대의 名醫입니다.

다음 밑줄 친 단어의 한자를 〈보기〉에서 고르세요.

〈보기〉　　① 發病　② 病席　③ 醫藥　④ 名醫　⑤ 病弱

1. 할아버지는 병약한 몸으로 힘든 일을 하십니다. ________

2. 나는 명의를 찾아 방방곡곡 돌아다녔습니다. ________

3. 의약품은 주의해서 복용해야 합니다. ________

4. 병석에 있는 친구에게 희망 편지를 씁니다. ________

정답　**1** 병약　**2** 의과　**3** 병석　**4** 의약　**5** 발병　**6** 명의　|　1. ⑤　2. ④　3. ③　4. ②

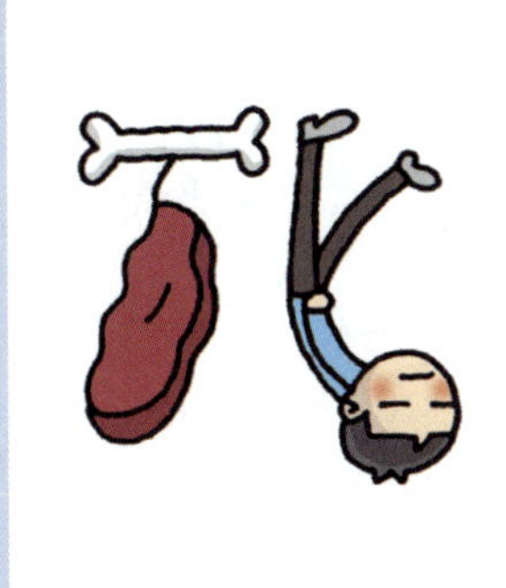

죽을 사

법식 례

'죽을 사'는 뼈에 살이 앙상할 정도로
말라(歹) 거꾸러져(匕) 죽는 모습을
나타낸 글자예요.

'법식 례'는 사람들이(亻) 줄 맞추는(列)
모습을 나타낸 글자예요.
사람이 지켜야 할 생활 예절, 방식 등을 가리켜요.

풀이말을 큰 소리로 읽으며 획을 따라 쓰세요.

따라 써 봐!

| 풀이말 | 뼈가 앙상할
정도로 말라 | 거꾸러져 | 죽을 사 | 죽을 □ |

| 풀이말 | 사람들이 | 나란히
줄 맞추는 | 법식 례 | 법식 □ |

도움말 死(죽을 사)에서 歹(뼈앙상할 알)은 뼈에 살이 앙상하게 붙은 모습을 나타내요. 例(법식 례)에서 列(벌일 렬)은 뼈를 칼로 발라 내 나란히 벌여 놓은 모습으로, 刂(선칼도방 도)는 刀(칼 도)를 간략히 줄인 모양이에요.

반의어 死(죽을 사) ↔ 活(살 활), 死(죽을 사) ↔ 生(날 생)

 **물방울 한자** 물방울 ⬤ 에 가려진 한자를 필순에 맞게 쓰고, 빈칸에 훈과 음을 쓰세요.

뼈가 앙상할 정도로 말라
거꾸러져 죽는 한자는?

	죽을	

死 死 死 死

| □ 사 | 죽을 □ | □ 사 | 죽을 □ |

총 6획 ▸ 一 ㄅ ㄗ ㄗ 死 死

사람들이 나란히
줄 맞추는 한자는?

	법식	

例 例 例 例

| □ 례 | 법식 □ | □ 례 | 법식 □ |

총 8획 ▸ ノ イ イ 伊 伊 伊 例 例

 **한자 어휘** 한자의 음을 쓰세요.

❶ 죽고 사는 것 **死活**

❷ 예로 보여 주는 문장 **例文**

❸ 죽어서 이별하는 **死別**　　별

❹ 규칙에서 벗어나는 **例外**

❺ 삶과 죽음 **生死**

❻ 일이 일어난 예 **事例**

예습! 6급 한자 別(나눌/다를 별)　　**복습! 한자** 活(살 활) 文(글월 문) 外(바깥 외) 生(날 생) 事(일 사)

92

어휘 활용 문장을 소리 내어 읽고 한자의 음을 쓰세요.

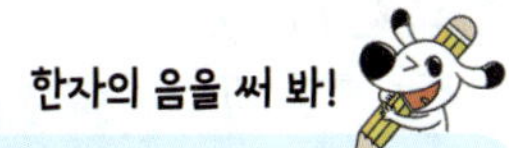

1 회사의 **死活**을 걸고 모든 직원이
상품을 알리러 나섰습니다.

2 선생님은 **例文**을 들어 가며
단어 뜻을 설명하셨습니다.

3 아버지는 어머니와 **死別**한 뒤
무척 슬퍼하셨습니다.

| 별 |

4 군대에서는 단 한 명도 **例外**가
있을 수 없습니다.

5 동생은 교통사고를 당해 **生死**의
갈림길에 섰어요.

과학 4
6 최근에 발생한 지진 피해 **事例**를
조사해 봅시다.

다음 밑줄 친 단어의 한자를 〈보기〉에서 고르세요.

〈보기〉　① 死活　② 例文　③ 例外　④ 事例　⑤ 生死

1. <u>생사</u>화복은 하늘에 달려 있습니다. ________

2. 이번 해외 진출에 우리 회사의 <u>사활</u>이 걸려 있습니다. ________

3. 구체적인 <u>사례</u>를 들어 설명해 보세요. ________

4. 어떤 경우에 <u>예외</u>로 인정받을 수 있을까요? ________

27 여자 몸에 아기 생기니 비로소 始, 밥 먹고 물 마실 飮

비로소 시

마실 음

'비로소 시'는 여자 몸속에(女)
팔 구부리고(厶) 입 오므린(口)
아기가 비로소 생겼다는 뜻을 나타낸 글자예요.

'마실 음'은 밥 먹고 나서(食)
하품하듯 입을 크게 벌려 물 마시는(欠)
모습을 나타낸 글자예요.

 **풀이말** 풀이말을 큰 소리로 읽으며 획을 따라 쓰세요.

따라 써 봐!

始	始	始		始
여자 몸속에	팔 구부리고	입 오므린 아기가 생기니	비로소 시	비로소 □

飮	飮		飮
밥 먹고 나서	하품 하듯 입 벌려 물을	마실 음	마실 □

도움말 始(비로소 시)의 비로소는 마침내, 드디어와 같은 뜻이에요.

물방울 ● 에 가려진 한자를 필순에 맞게 쓰고, 빈칸에 훈과 음을 쓰세요.

여자 몸속에 아기가 비로소 생긴 한자는?

비로소

始 | □ 시 비로소 □ | □ 시 비로소 □

총 8획 〈 〈 女 女 如 始 始 始

밥 먹고 나서 입 벌려 물 마시는 한자는?

마실

飮 | □ 음 마실 □ | □ 음 마실 □

총 13획 ノ 𠂉 𠂉 𠂉 今 今 今 食 食 飮 飮 飮 飮

한자의 음을 쓰세요.

❶ 일의 맨 처음 **始作**

❷ 먹고 마시는 것 **飮食**

❸ 맨 처음 조상 **始祖**

❹ 마시는 물 **飮用水**　　　용

❺ 일을 시작하는 **開始**　　개

❻ 먹고 마심 **食飮**

예습! 6급 한자　用(쓸 용) 開(열 개)　　복습! 한자　作(지을 작) 食(먹을 식) 祖(할아비 조) 水(물 수)

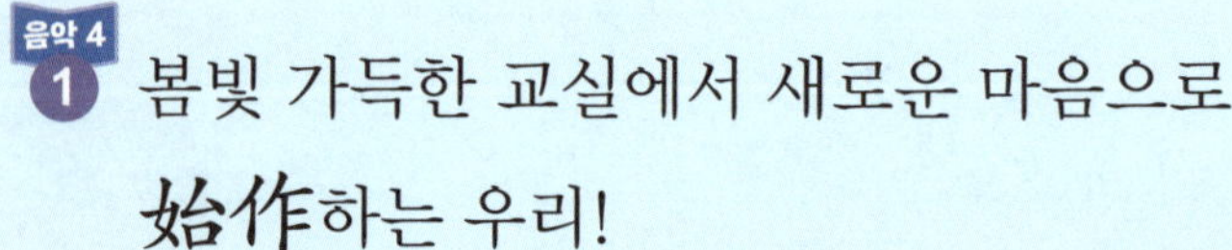

문장을 소리 내어 읽고 한자의 음을 쓰세요.

한자의 음을 써 봐!

음악 4
1 봄빛 가득한 교실에서 새로운 마음으로
始作하는 우리!

국어 3
2 단옷날에 먹는 **飮食**으로는 수리취떡과
앵두화채가 있습니다.

3 우리 민족의 **始祖**는 단군입니다.

4 서울시의 수돗물 '아리수'는 **飮用水**로
알맞아요.

용

5 **國軍**은 오늘 아침에
공격을 **開始**했습니다.

개

• 國(나라 국) 軍(군사 군)

6 나는 속상한 나머지 어제부터 **食飮**을
끊고 자리에 누웠습니다.

다음 밑줄 친 단어의 한자를 〈보기〉에서 고르세요.

〈보기〉   ① 始作   ② 始祖   ③ 食飮   ④ 飮食   ⑤ 開始

1. 수업 시작을 알리는 벨이 울렸습니다. ________

2. 좋은 음식을 먹어야 건강해집니다. ________

3. 우리 집안의 시조는 박혁거세입니다. ________

4. 중대장님이 사격 개시를 명령했어요. ________

정답 **1** 시작 **2** 음식 **3** 시조 **4** 음용수 **5** 국군, 개시 **6** 식음 | 1. ① 2. ④ 3. ② 4. ⑤

28 배 나와 허리 짚는 몸 身, 지팡이로 이놈 저놈 하는 놈 者

身

몸 신

者

놈 자

'몸 신'은 임신한 여자가 고개를 젖힌 채(冂), 오른팔로 불룩한 배를(彡) 안고 왼팔로 허리를 짚은(丿) 모습을 나타내요.

'놈 자'는 노인이 팔 들고(土) 지팡이로 여기저기 가리키며(㇒) '이놈 저놈' 하는(日) 모습을 가리켜요.

풀이말 풀이말을 큰 소리로 읽으며 획을 따라 쓰세요.

따라 써 봐!

身	身	身		身
고개 젖힌 채	한 팔로 불룩한 배를 안고	한 팔로 허리 짚은	몸 신	몸 ☐

者	者	者		者
팔 들고	지팡이로 가리키며	입 벌려 '이놈 저놈' 하는	놈 자	놈 ☐

도움말 者(놈 자)에서 耂(늙을 로)는 팔 벌린 사람(土)이 지팡이(丿)를 든 모양으로 老(늙을 로), 孝(효도 효)에도 쓰여요.

유의어 身(몸 신) — 體(몸 체)

반의어 身(몸 신) ↔ 心(마음 심)

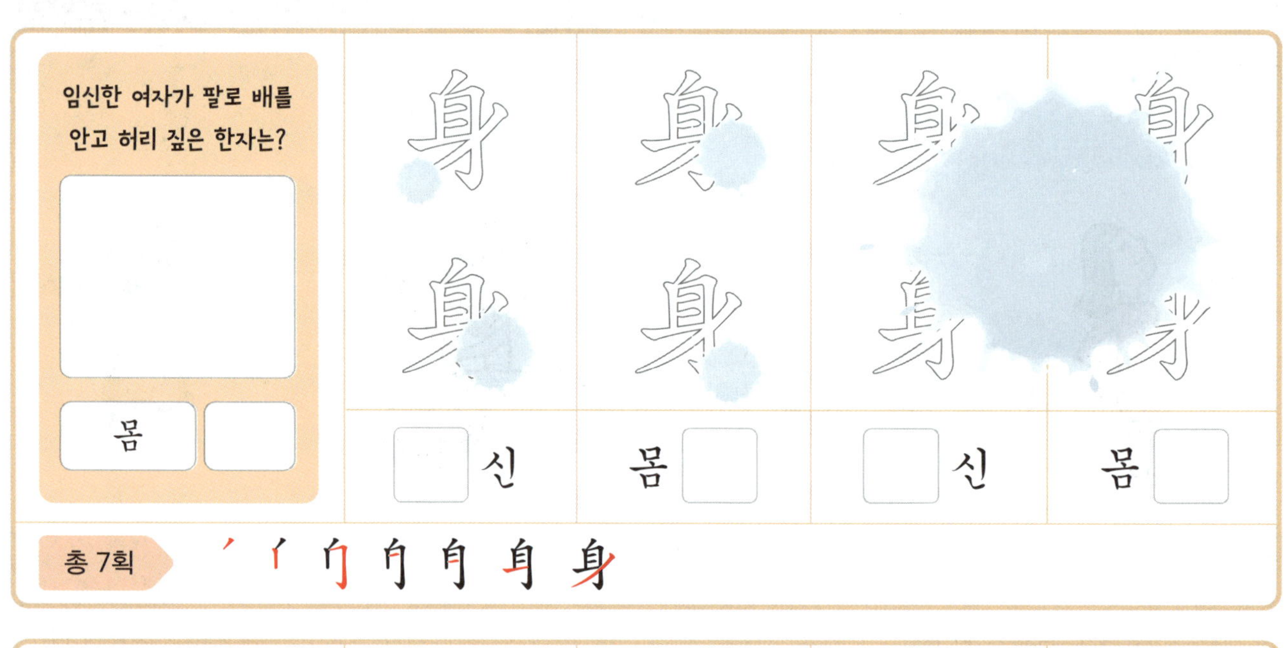

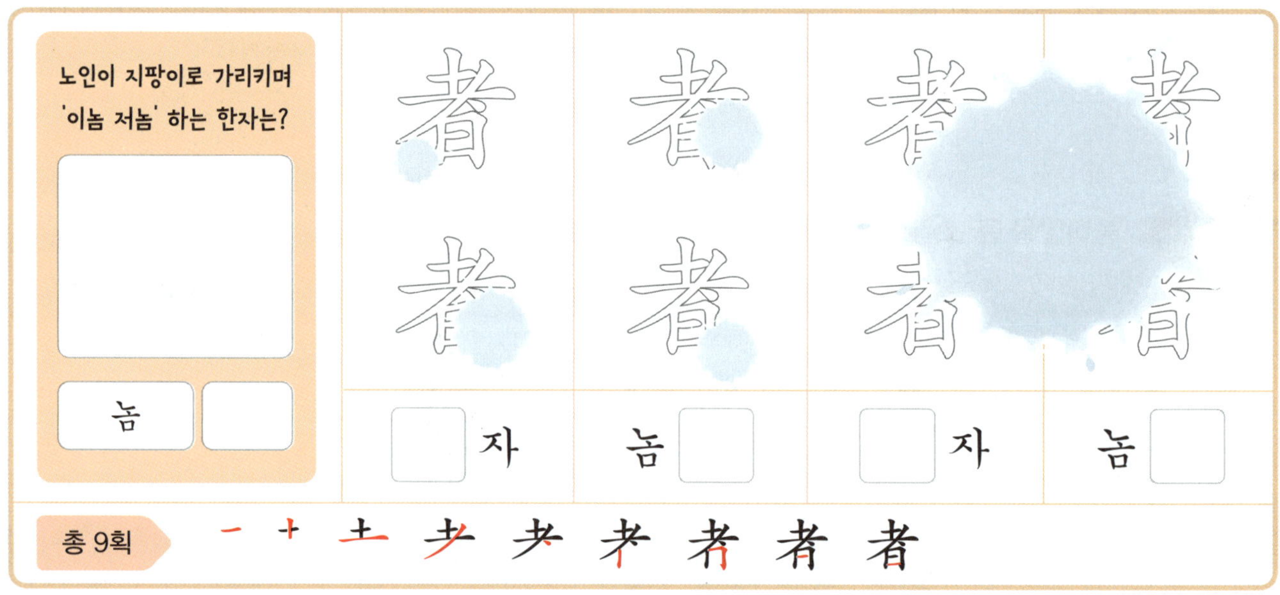

❶ 사람의 몸 **身體**   체

❷ 기사를 쓰는 사람 **記者**

❸ 자기 몸 또는 자기 **自身**

❹ 책을 읽는 사람 **讀者**

❺ 마음과 몸 **心身**

❻ 이긴 사람 **勝者**   승

예습! 6급 한자   體(몸 체) 勝(이길 승)   **복습!** 한자   記(기록할 기) 自(스스로 자) 讀(읽을 독) 心(마음 심)

98

 **어휘 활용** 문장을 소리 내어 읽고 한자의 음을 쓰세요.

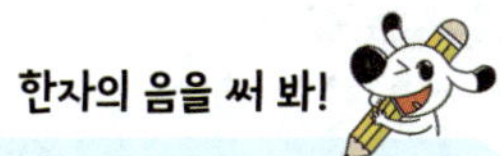

① **身體**가 건강해야 정신도 건강합니다.　　　　체

② 신문과 방송에서 **記者**의 역할은
아주 중요해요.

과학 4 **③** 갈릴레이는 **自身**이 만든 망원경으로
달을 관찰하여 기록했습니다.

국어 4 **④** 머리말을 읽으면 작가가 **讀者**에게
바라는 점을 알 수 있습니다.

⑤ 조용한 음악은 **心身**을
안정시켜 줍니다.

국어 3 **⑥** 사람들은 씨름 대회 우**勝者**를
천하장사라고 불렀습니다.　　　　우　승

다음 밑줄 친 단어의 한자를 <보기>에서 고르세요.

<보기>　　① **身體**　② **心身**　③ **讀者**　④ **勝者**　⑤ **記者**

1. 신체를 건강하게 하려고 운동을 합니다.　　________

2. 푸른 하늘이 피곤한 심신을 안정시켰습니다.　　________

3. 기자는 신문사나 방송국에서 일합니다.　　________

4. 글을 쓸 때 누가 독자인지 늘 생각해야 합니다.　　________

29 사람 부리는 하여금 使, 입 벌려 호랑이처럼 부르는 이름 號

하여금 사

이름 호

'하여금 사'는 사람이(亻) 일하도록
벼슬아치가 입 벌려 부리는(吏)
모습을 나타내요.

'이름 호'는 입 벌려 소리치며(号)
호랑이처럼 큰 소리로 이름 부르는(虎)
모습을 가리켜요.

풀이말 풀이말을 큰 소리로 읽으며 획을 따라 쓰세요.

따라 써 봐!

使	使		使
사람으로 하여금	벼슬아치가 입 벌려 부리는	하여금 사	하여금 ☐

號	號		號
입 벌려 소리치며	호랑이처럼 부르는	이름 호	이름 ☐

도움말 使(하여금 사)에서 吏(벼슬아치 리)는 윗사람(一)이 입 벌리고(口) 아랫사람에게(丿) 일을 시키는(乀) 것을 나타내요. 使(하여금 사)는 '부릴 사'라는 훈음도 있어요. 號(이름 호)에서 虎(범 호)는 호랑이의 눈과 입, 이빨, 다리를 나타내요.

유의어 號(이름 호) ― 名(이름 명)

물방울 한자 물방울 🔵 에 가려진 한자를 필순에 맞게 쓰고, 빈칸에 훈과 음을 쓰세요.

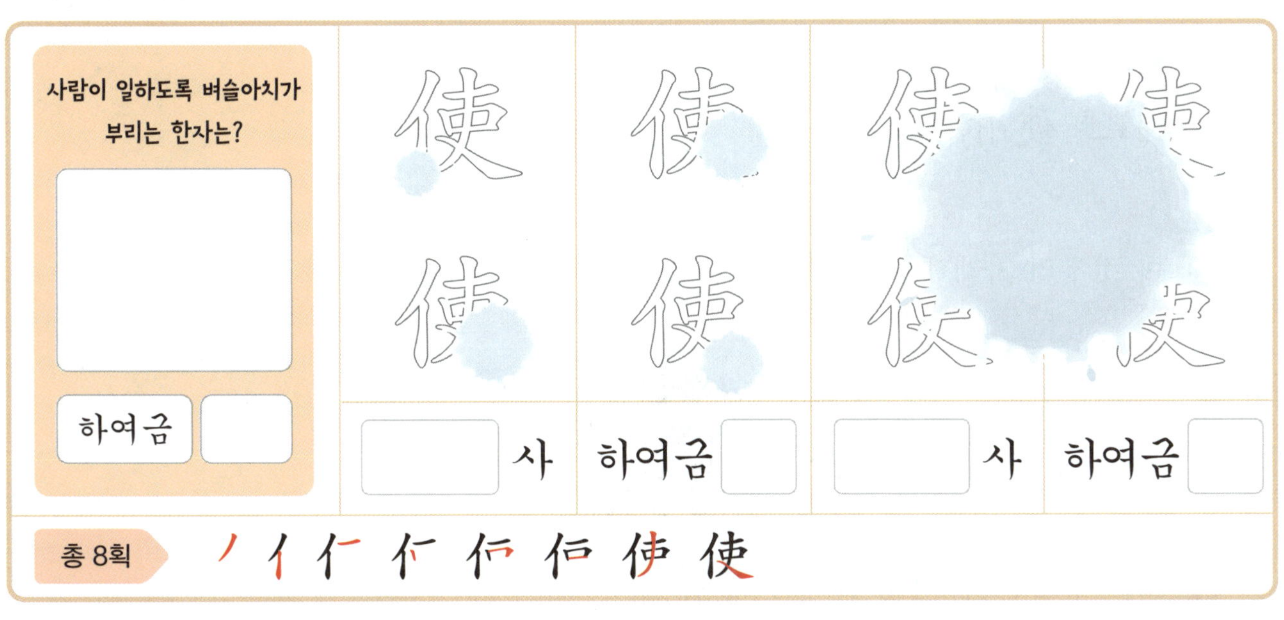

사람이 일하도록 벼슬아치가 부리는 한자는?			
하여금 □	□ 사 하여금 □	□ 사 하여금 □	
총 8획	ノ ノ イ イ 仁 乍 乍 使 使		

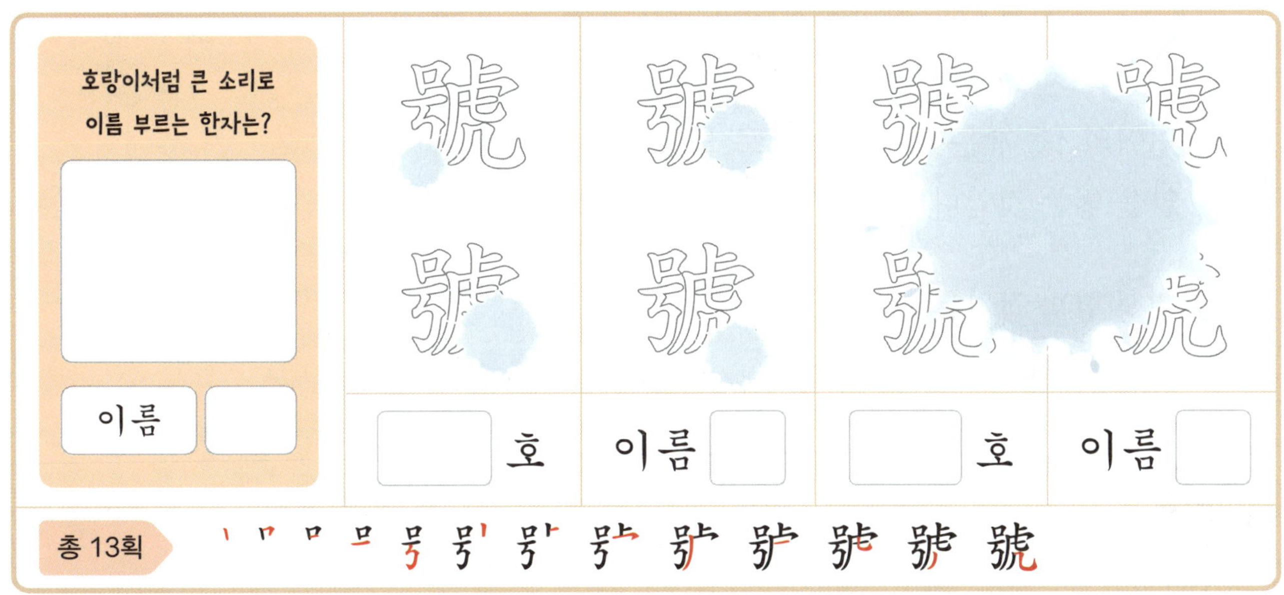

호랑이처럼 큰 소리로 이름 부르는 한자는?			
이름 □	□ 호 이름 □	□ 호 이름 □	
총 13획	ㅣ 口 口 ㅁ 무 号 号 号 號 號 號 號 號		

한자 어휘 한자의 음을 쓰세요.

❶ 목적에 맞게 쓰는 **使用** ___용

❷ 어떤 뜻을 나타내는 **記號** ___

❸ 윗사람이 부리는 사람 **使者** ___

❹ 같음을 나타내는 **等號** 등___

❺ 맡겨진 일 **使命** ___

❻ 특정 내용을 전하는 부호 **信號** ___

예습! 6급 한자 用(쓸 용) 等(무리 등)   복습! 한자 記(기록할 기) 者(놈 자) 命(목숨 명) 信(믿을 신)

문장을 소리 내어 읽고 한자의 음을 쓰세요.

국어 3
1 된장은 콩으로 만든 메주를 재료로 **使用**합니다.

용

수학 3
2 큰 것부터 차례대로 **記號**를 써 보세요.

3 사람이 죽으면 저승 **使者**가 혼을 데리러 온다고 해요.

수학 3
4 크기가 같은 두 양의 관계를 **等號**를 사용하여 식으로 나타낼 수 있습니다.

등

5 연어의 **使命**은 태어난 곳으로 돌아가 알을 낳는 것입니다.

6 위성 항법 장치는 인공위성으로부터 **信號**를 받습니다.

다음 밑줄 친 단어의 한자를 <보기>에서 고르세요.

<보기> ① 使用 ② 使命 ③ 記號 ④ 信號 ⑤ 等號

1. 종이를 아껴서 <u>사용</u>합시다. ________

2. 학생의 가장 큰 <u>사명</u>은 공부입니다. ________

3. 교통 <u>신호</u> 체계가 편리하게 바뀌었습니다. ________

4. 수학책에는 여러 가지 <u>기호</u>가 많이 나옵니다. ________

정답 **1** 사용 **2** 기호 **3** 사자 **4** 등호 **5** 사명 **6** 신호 | 1.① 2.② 3.④ 4.③

30 25~29과 복습하기

 빈칸에 알맞은 한자와 훈음을 쓰세요.

者

飲

비로소 시

例

身

병 병

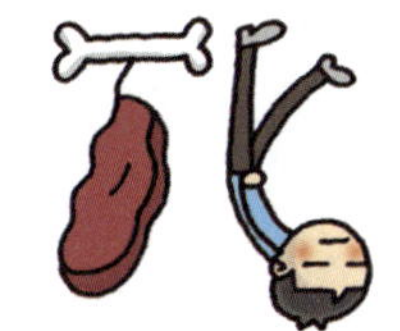

死

醫

使

號

법식 례

의원 의

마실 음

病

始

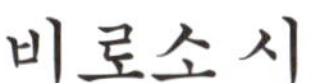

<보기> 病　醫　死　例　始　飲　身　者　使　號

① 봄빛 가득한 교실에서 새로운 마음으로 　　작하는 우리!

② 단옷날에 먹는 　　식으로는 수리취떡과 앵두화채가 있습니다.

③ 　　체가 건강해야 정신도 건강합니다.

④ 된장은 콩으로 만든 메주를 재료로 　　용합니다.

⑤ 동생은 교통사고로 생 　　의 갈림길에 섰습니다.

⑥ 할머니는 늙어서 날이 갈수록 몸이 　　약해졌습니다.

⑦ 병을 잘 고쳐 이름난 의사를 명 　　라고 합니다.

⑧ 구체적인 사 　　를 들어 설명해 보세요.

⑨ 큰 것부터 차례대로 기 　　를 써 보세요.

⑩ 머리말을 읽으면 작가가 독 　　에게 바라는 점을 알 수 있습니다.

맞힌 개수
/30 개

[1~10] 다음 한자어의 음(音: 소리)을 쓰세요.

<보기> 漢字 → 한자

1. 수업 **始作**을 알리는 벨이 울렸습니다.

____

2. **飲食**을 골고루 먹어야 건강합니다.

____

3. 허준은 조선 시대의 **名醫**입니다.

____

4. 삼촌은 **生死**의 갈림길에 있습니다.

____

5. 우리 모두 **使命**감을 가져야 해요.

____

6. **心身**을 모두 잘 단련해야 건강합니다.

____

7. 교통 **信號**를 잘 살핍시다.

____

8. 나이가 들고 몸은 **病弱**해졌습니다.

____

9. 생명을 소중히 여긴 **事例**입니다.

____

10. 신문에서 **記者**의 역할은 무척 커요.

____

[11~14] 다음 한자의 훈(訓: 뜻)과 음(音: 소리)을 쓰세요.

<보기> 字 → 글자 자

11. 始 _______

12. 例 _______

13. 飲 _______

14. 號 _______

[15~16] 다음 한자와 뜻이 반대 또는 상대되는 한자를 골라 ☐ 안에 그 번호를 쓰세요.

15. 死: ①生 ②有 ③大 ④主 ☐

16. 身: ①古 ②心 ③圖 ④庭 ☐

[17~18] 다음 한자와 뜻이 같거나 비슷한 한자를 골라 ☐ 안에 그 번호를 쓰세요.

17. 算: ① 數 ② 始 ③ 者 ④ 室 ☐

18. 號: ① 山 ② 名 ③ 飮 ④ 書 ☐

[19~20] 다음 한자와 소리(音)는 같으나 뜻(訓)이 다른 한자를 골라 ☐ 안에 그 번호를 쓰세요.

19. 使: ① 死 ② 作 ③ 頭 ④ 信 ☐

20. 飮: ① 始 ② 音 ③ 太 ④ 例 ☐

[21~22] 다음 ☐ 안에 알맞은 한자를 <보기>에서 찾아 그 번호를 쓰세요.

<보기>
① 病 ② 醫 ③ 死 ④ 例
⑤ 始 ⑥ 飮 ⑦ 身 ⑧ 者

21. 九 ☐ 一生: 아홉 번 죽을 뻔하다 한 번 살아남

22. 韓方 ☐ 術: 약초와 침 등으로 병을 고치는 우리나라 의술

[23~24] 다음 뜻에 맞는 한자어를 <보기>에서 찾아 ☐ 안에 그 번호를 쓰세요.

<보기>
① 病者　　② 醫術
③ 例文　　④ 始祖

23. 병을 고치는 의원의 기술 ☐

24. 병을 앓고 있는 사람 ☐

[25~28] 다음 밑줄 친 한자어의 한자를 쓰세요.

<보기>　국어　→　國語

25. 이것은 조선 왕실의 보물입니다.

____

26. 극장 입구에 사람들이 몰렸습니다.

____

27. 조상의 유물을 소중히 간직합니다.

____

28. 해군은 바다를 지킵니다.

____

[29~30] 다음 한자에서 짙게 표시한 획은 몇 번째 쓰는 획인지 <보기>에서 찾아 ☐ 안에 그 번호를 쓰세요.

<보기>
⑥ 여섯 번째　　⑦ 일곱 번째
⑧ 여덟 번째　　⑨ 아홉 번째
⑩ 열 번째　　⑪ 열한 번째

29. 飮 ☐　　30. 病 ☐

한자 쓰기, 시험에 자주 나오는 한자를 공부하자!

빈칸에 알맞은 한자와 훈음을 쓰세요.

한자어	쓰기	훈과 음 쓰기		한자 한 번 더 쓰기
오전	午前	낮 오	앞 전	午前
형제	兄弟	형 형	아우 제	
교육	敎育	가르칠 교	기를 육	
입구	入口	들 입	입 구	
시간	時間	때 시	사이 간	
전기	電氣	번개 전	기운 기	
안심	安心	편안 안	마음 심	
시장	市場	저자 시	마당 장	
자연	自然	스스로 자	그럴 연	
효도	孝道	효도 효	길 도	

한자능력검정시험을 보기 전에 알아 두면 좋아요!

1. 시험 일정은?

보통 2월, 5월, 8월, 11월 셋째 주 토요일에 실시합니다. 교육급수 시험(4급~8급)의 시험 시간은 오전 11시, 공인급수 시험(특급~3급Ⅱ)은 오후 3시로 서로 다릅니다. 또한 매년 시험 날짜가 바뀔 수 있으므로 반드시 한국어문회 홈페이지(www.hanja.re.kr)에서 확인해야 합니다.

2. 6급과 6급Ⅱ는 다른가요?

한자능력검정시험은 교육급수(4급~8급)와 공인급수(특급~3급Ⅱ)로 나뉩니다.

교육급수에 해당하는 **6급과 6급Ⅱ는 각각 별도의 급수입니다. 급수Ⅱ는 상위 급수와 하위 급수 배정한자 수의 차이를 줄이기 위한 급수입니다.** 6급Ⅱ와 6급 배정 한자에는 8, 7급 배정 한자 150자가 포함되어 있습니다. 모든 급수 한자는 아래 급수에서 배운 한자를 포함합니다.

급수	읽기	쓰기
8급	50	0
7급 Ⅱ	100	0
7급	150	0
6급 Ⅱ	225	50
6급	300	150
5급 Ⅱ	400	225
5급	500	300
4급 Ⅱ	750	400
4급	1,000	500

3. 어떤 유형의 문제가 나오나요?

6급은 한자의 소리(음)를 묻는 독음 문제와 한자의 뜻과 소리를 동시에 묻는 훈음 문제가 60%입니다. (90문항 중 55문항)
8, 7급과는 달리 6급에서는 한자 쓰기가 20문제 나 출제됩니다. 한자 쓰기 문제는 8, 7급 배정한자 150자에서 출제되므로 본문 학습 외에 별도 학습이 반드시 필요합니다.

이 외에 반의어, 한자어 완성, 유의어, 동음이의어, 뜻풀이, 필순 문제가 총 15문제 출제됩니다.
6급Ⅱ는 6급과 비슷하나 훈음 문제의 비중이 6급에 비해 많고 한자 쓰기 문제의 부담이 다소 적습니다.

유형	8급	7급Ⅱ	7급	6급Ⅱ	6급
독음	24	22	32	32	33
훈음	24	30	30	29	22
반의어	0	2	2	2	3
완성형	0	2	2	2	3
유의어	0	0	0	0	2
동음이의어	0	0	0	0	2
뜻풀이	0	2	2	2	2
한자 쓰기	0	0	0	10	20
필순	2	2	2	3	3

4. 시험 시간 및 문항 수는 어떻게 되나요?

시험 시간은 50분이고, 합격 기준은 70점 이상입니다. 즉, 6급은 총 90문항 중 63문항, 6급Ⅱ는 총 80문항 중 56문항 이상 맞히면 합격입니다.

급수	출제 문항	합격 문항
8급	50	35
7급 Ⅱ	60	42
7급	70	49
6급 Ⅱ	80	56
6급	90	63
5급 Ⅱ·5급·4급 Ⅱ·4급	100	70

모의 한자능력검정시험

- 출제 기준 : ㈜한국어문회 한자능력검정시험
- 출제 범위 : '바빠 초등 6급 한자' 1권 한자(7,8급 배정 한자 포함)
- 시험 문항 : 90문항
- 시험 시간 : 50분

채점한 후 확인해 보세요~

회차	1회	2회
맞힌 문항 수		

81개 이상 맞혔다! — 예 → 대단한데요?
'바빠 초등 6급 한자' 2권으로 넘어가도 좋습니다!

아니오

63개 이상 맞혔다! — 예 → 잘했습니다!
2회 차 모의시험을 풀어 보세요.

아니오

68~87번에 틀린 문제가 많다면? — 예 → 추가 학습 한자 쓰기를 한 번 더 공부한 후,
2회 차 모의시험을 풀어 보세요.

아니오

1~55번에 틀린 문제가 많다면? — 예 → 저런! 본문을 한 번 더 공부해야겠어요.

모의 한자능력검정시험 6급

시험 시간 : 50분
합격 문항 수 : 90개 중 63개

※ 6급 한자는 1권에서 배운 한자(50자)를 기준으로 출제되었습니다.

[1~33] 다음 밑줄 친 한자어의 음(音: 소리)을 쓰세요.

> <보기> 漢字 → 한자

1. 설계 <u>圖面</u>은 집을 어떻게 지을지 알려주는 그림입니다.

2. 선생님은 <u>例外</u>없이 모두에게 숙제를 내줍니다.

3. 성 안에 있던 적군 장수는 <u>白旗</u>를 흔들며 항복했습니다.

4. 산불 현장에 나간 <u>記者</u>가 화재 상황과 피해 소식을 전합니다.

5. 우리 가족은 <u>江村</u>으로 여행을 갔습니다.

6. <u>水銀</u>이 들어 있는 온도계는 깨지면 위험합니다.

7. <u>信號</u>가 파란불이 되자 사람들이 길을 건넜습니다.

8. <u>銀行</u>에서 저축 상담을 했습니다.

9. 그의 나쁜 <u>言動</u> 때문에 친구들이 속상했습니다.

10. 올림픽 개막식은 <u>地上</u> 최고의 퍼포먼스입니다.

11. <u>直行</u>버스를 타고 외갓집에 갔습니다.

12. 엄마가 계절 채소로 맛있는 <u>飲食</u>을 만들어 주셨습니다.

13. 매일 아침 언니와 함께 <u>登校</u>합니다.

14. 국회에서 기후 위기에 대응하는 위원회가 <u>發足</u>했습니다.

15. 우리 <u>先祖</u> 가운데 한 분이 휴대용 해시계를 만들었습니다.

16. <u>正午</u>를 알리는 종소리가 들려왔습니다.

17. 전국 각지의 <u>各級</u> 학교에서 민주화 선언문을 발표하였습니다.

18. 화려한 옷차림은 <u>行人</u>들의 눈길을 사로잡았습니다.

19. 담당 의사는 **病者**의 상태를 주의 깊게 살펴 보았습니다.

20. 사과 가격이 **昨年**보다 올랐습니다.

21. 저희 할머니의 **春秋**는 올해로 여든 여섯입니다.

22. 그 언니는 틈만 나면 부모님을 찾아뵙는 **孝女**입니다.

23. 선생님께서 숙제 검사 **圖章**을 찍어 주셨습니다.

24. 우리는 **地球**를 보호해야 합니다.

25. 장난기가 **發動**한 친구가 의자를 뒤로 뺐어요.

26. 그는 자신의 실력이 **不足**하다고 생각했습니다.

27. 아침에 **讀書**하는 습관을 들이고 있습니다.

28. 전쟁으로 기본적인 **衣食住**조차 해결하기 어려워졌습니다.

29. 여행 가기 전에 경비를 **算定**해 보았습니다.

30. 성실은 시대를 초월하는 **萬古**의 진리입니다.

31. 그 아이의 **孝行**은 칭찬을 받았습니다.

32. 소년이 던진 돌이 거인의 이마에 정확히 **命中**했습니다.

33. **病室**에 있는 친구를 찾아갔습니다.

[34~55] 다음 한자의 훈(訓: 뜻)과 음(音: 소리)을 쓰세요.

<보기> 　字　→　글자 자

34. 信
35. 根
36. 頭
37. 始
38. 愛
39. 歌
40. 交
41. 意
42. 旗
43. 登
44. 每
45. 題
46. 飮
47. 直
48. 休

49. 公

50. 球

51. 急

52. 南

53. 農

54. 使

55. 術

[56~58] 다음 한자와 뜻이 반대 또는 상대되는 한자를 골라 그 번호를 쓰세요.

56. 手: ① 花　② 古　③ 失　④ 足

57. 長: ① 作　② 短　③ 車　④ 共

58. 兄: ① 弟　② 例　③ 太　④ 交

[59~60] 다음 한자와 뜻이 같거나 비슷한 한자를 골라 그 번호를 쓰세요.

59. 圖: ① 書　② 畫　③ 畵　④ 現

60. 共: ① 外　② 同　③ 飮　④ 訓

[61~62] 다음 한자와 소리(音)는 같으나 뜻(訓)이 다른 한자를 골라 그 번호를 쓰세요.

61. 花: ① 意　② 畫　③ 土　④ 祖

62. 章: ① 場　② 死　③ 文　④ 現

[63~65] 다음 사자성어의 □ 안에 알맞은 한자를 <보기>에서 찾아 그 번호를 쓰세요.

<보기>　① 太　② 死　③ 言　④ 夏　⑤ 音　⑥ 古　⑦ 行　⑧ 中

63. 春 □ 秋冬: 봄, 여름, 가을, 겨울의 네 계절.

64. 九 □ 一生: 여러 번 죽을 고비를 넘고 겨우 살아남.

65. 十 □ 八九: 열이면 여덟이나 아홉은 그러함.

[66~67] 다음 뜻에 맞는 한자어를 <보기>에서 찾아 그 번호를 쓰세요.

<보기>　① 名醫　② 計算　③ 短身　④ 長短　⑤ 昨年　⑥ 道路

66. 작은 키의 몸

67. 병을 잘 고쳐 이름난 의원

[68~87] 다음 밑줄 친 한자어의 한자를 쓰세요.

<보기>　국어　→　國語

68. 단풍이 물든 산으로 등산을 갔습니다.

69. 선조들이 물려주신 소중한 문화유산을 잘 지켜야 합니다.

70. 우리 마을 이장님은 마을 사람들을 위해 열심히 일하십니다.

71. 밤하늘의 별을 찍기 위해 카메라의 초점을 수동으로 조절했습니다.

72. 운동회 날 운동장에 여러나라 국기가 펄럭였습니다.

73. 비가 많이 와서 큰 우산을 쓰고 등교했습니다.

74. 선생님의 설명을 다 들은 연후에 질문을 하세요.

75. 어떤 분야든 성공하려면 꾸준히 공부해야 합니다.

76. 친구들과 버스나 지하철 같은 차편을 이용하여 박물관에 가려고 합니다.

77. 건강 검진 결과 별 이상이 없어 안심이 되었습니다.

78. 잠이 부족해서 수업 시간에 졸음이 쏟아졌습니다.

79. 휴지를 함부로 버리지 마세요.

80. 번개가 번쩍하더니 천둥 소리가 천지를 뒤흔드는 듯 했습니다.

81. 도서관은 조용히 책을 읽고 공부하는 장소입니다.

82. 토요일 오후에 학교 운동장에서 친구들과 축구를 했습니다.

83. 동생은 내년에 초등학교에 입학합니다.

84. 우리는 부모님께 불효하지 않고 효도해야 합니다.

85. 우리는 교육을 통해 세상을 이해하고 미래를 준비합니다.

86. 숲 속에서 맑은 공기를 마시니 기분이 상쾌합니다.

87. 해녀들은 전복 소라 미역 등 해산물을 채취합니다.

[88~90] 다음 한자의 짙게 표시한 획은 몇 번째 쓰는 획인지 <보기>에서 골라 그 번호를 쓰세요.

<보기>

① 첫 번째 　② 두 번째
③ 세 번째 　④ 네 번째
⑤ 다섯 번째 　⑥ 여섯 번째
⑦ 일곱 번째 　⑧ 여덟 번째
⑨ 아홉 번째 　⑩ 열 번째

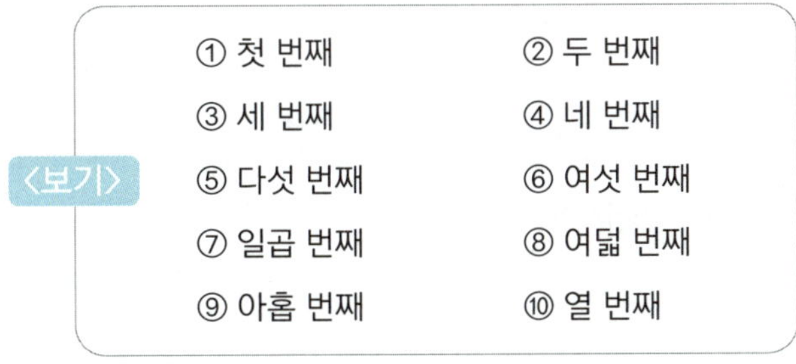

88. 夏 ________

89. 軍 ________

90. 邑 ________

※ 6급 한자는 1권에서 배운 한자(50자)를 기준으로 출제되었습니다.

[1~33] 다음 밑줄 친 한자어의 음(音: 소리)을 쓰세요.

> <보기> 漢字 → 한자

1. 그는 경기에서 패배한 뒤 **失意**에 빠져 말이 없었습니다.

2. 누나는 **口頭**로만 약속하지 말고 꼭 문자로도 보내 달라고 했습니다.

3. **醫術**의 발달로 여러 난치병을 치료할 수 있습니다.

4. 우리는 새로운 **行路**를 따라 자전거 여행을 떠났습니다.

5. 우리 반은 **例外** 없이 모두 운동회에 참여했습니다.

6. 소방관들이 화재 **現場**에서 구조 작업을 하고 있습니다.

7. 이번 독서 대회의 **題目**은 '나를 바꾼 한 권의 책'입니다.

8. 친구와 멀리 떨어져 있지만 우리는 자주 **書信**을 주고받습니다.

9. 수업 시간에 암행어사 **出頭** 장면을 연극으로 꾸몄습니다.

10. 축구 경기에서 심판은 **公平**하게 판정을 내렸습니다.

11. 모둠 과제를 위해 **各自** 맡은 역할을 충실히 하고 있습니다.

12. 봄비가 내리자 꽃들이 활짝 피기 **始作**했습니다.

13. **信號**가 파란불로 바뀌기 전에는 절대 길을 건너면 안 됩니다.

14. 버려진 **古物**로 멋진 로봇을 만들었어요.

15. 월말에는 **銀行** 창구가 항상 북적입니다.

16. 버스 전용 **車路**는 일반 도로에서는 도로 가변에 설치합니다.

17. 우리 **家庭**은 큰 부자는 아니지만 화목하고 행복합니다.

18. 우리에게는 지구를 깨끗하게 지켜야 하는 **使命**이 있어요.

19. 신라 시대에는 신분과 벼슬에 따라 **服色**이 달랐습니다.

20. 아빠가 어깨 **手術**을 받고 퇴원하셨습니다.

21. 옛날에는 **苦學**으로 공부하는 학생들이 많았습니다.

22. 우리 시는 지역 상품권을 할인하여 **發行**하고 있습니다.

23. 오늘 저녁은 봄철에 어울리는 **飮食**이었습니다.

24. 이번 주말에 열리는 행사는 **讀者**를 위한 이야기 마당입니다.

25. 올 겨울은 **昨年**보다 눈이 많이 내렸습니다.

26. 선생님이 **事例**를 들어 설명해 주셔서 금방 이해했습니다.

27. 놀부는 **心術**이 나서 호박에 말뚝을 박았습니다.

28. **學級** 회의에서 운동회 준비 계획을 논의했습니다.

29. 약속을 잘 지키고 **行動**으로 보여주는 멋진 친구입니다.

30. 오늘 우리 반 이야기의 **話頭**는 '가장 좋아하는 동물'이었습니다.

31. 이번 규칙은 지난 몇 년 간의 **先例**를 참고하여 만들었습니다.

32. **韓服**을 입고 세배를 했습니다.

33. 허리 수술 후 705**號室**에 입원 중인 삼촌을 병문안 갔습니다.

[34~55] 다음 한자의 훈(訓: 뜻)과 음(音: 소리)을 쓰세요.

〈보기〉	字 → 글자 자

34. 立
35. 急
36. 失
37. 育
38. 夏
39. 現
40. 號
41. 花
42. 活
43. 各
44. 計
45. 苦
46. 圖
47. 來

48. 路

49. 使

50. 植

51. 球

52. 昨

53. 庭

54. 重

55. 川

[56~58] 다음 한자와 뜻이 반대 또는 상대되
는 한자를 골라 그 번호를 쓰세요.

56. 冬 : ① 行 ② 夏 ③ 金 ④ 晝

57. 老 : ① 級 ② 路 ③ 少 ④ 面

58. 死 : ① 病 ② 身 ③ 活 ④ 祖

[59~60] 다음 한자와 뜻이 같거나 비슷한 한
자를 골라 그 번호를 쓰세요.

59. 訓 : ① 敎 ② 信 ③ 讀 ④ 計

60. 文 : ① 意 ② 章 ③ 交 ④ 音

[61~62] 다음 한자와 소리(音)는 같으나 뜻(訓)
이 다른 한자를 골라 그 번호를 쓰세요.

61. 使 : ① 信 ② 植 ③ 服 ④ 死

62. 飮 : ① 公 ② 音 ③ 太 ④ 病

[63~65] 다음 사자성어의 □ 안에 알맞은 한자
를 <보기>에서 찾아 그 번호를 쓰세요.

63. 三十六 □ : 서른여섯 가지의 꾀.

64. 二八 □ 春 : 16세 무렵의 꽃다
운 청춘.

65. 百 □ 百中 : 백 번 쏘아 백 번 맞힘.

[66~67] 다음 뜻에 맞는 한자어를 <보기>에서
찾아 그 번호를 쓰세요.

66. 글씨와 그림

67. 병을 고치는 의원의 기술

[68~87] 다음 밑줄 친 한자어의 한자를 쓰세요.

68. 노인들은 오랜 경험과 지혜를 가지
고 계십니다.

69. 봄이 되자 정원의 화초들이 피어났
습니다.

70. 활을 쏘아 과녁 정중앙에 명중시키
는 것이 어렵습니다.

71. 새 아파트에 입주했습니다.

72. 소방관 아저씨들이 화재 현장으로
빠르게 출동했습니다.

73. 민속박물관에서 조상들이 사용하던
물건을 보았습니다.

74. 발표를 시작할 때 조금 불안했지만
잘 마쳤습니다.

75. 학교별로 교기를 앞세우고 행진하였
습니다.

76. 우리 학교는 정오에 점심시간이 시
작됩니다.

77. 우리 가문은 400여년 전에 이 마을
에 터를 잡았습니다.

78. 우리 문화를 후세가 물려받아 더욱
발전시킬 것입니다.

79. 공자님은 많은 제자를 길러냈습니다.

80. 할아버지는 춘추가 많으신데도 아주
건강하십니다.

81. 우리는 동시에 점프했어요.

82. 경찰관 아저씨는 길을 잃은 아이에
게 집 주소를 물어보았습니다.

83. 이장님은 마을 사람들이 화합하도록
노력합니다.

84. 일요일 오전에 일찍 일어났더니 하루
종일 기분이 좋습니다.

85. 도둑은 거짓말이 들통나자 당황한
기색이 역력했어요.

86. 이번 휴일에 가족과 함께 가까운 공원
에 갔습니다.

87. 농부들은 정성껏 키운 채소를 시장
에 내다 팝니다.

[88~90] 다음 한자의 짙게 표시한 획은 몇 번째
쓰는 획인지 <보기>에서 골라 그 번호를 쓰세요.

<보기>	
① 첫 번째	② 두 번째
③ 세 번째	④ 네 번째
⑤ 다섯 번째	⑥ 여섯 번째
⑦ 일곱 번째	⑧ 여덟 번째
⑨ 아홉 번째	⑩ 열 번째

88. 秋   89. 海   90. 便

06. 01~05과 복습하기

28쪽

❶ 太 ❷ 計 ❸ 讀 ❹ 交 ❺ 章
❻ 信 ❼ 意 ❽ 訓 ❾ 言 ❿ 音

29~30쪽

1. 독서 2. 태양 3. 교통 4. 계산 5. 소신
6. 언행 7. 문장 8. 교훈 9. 의도 10. 화음
11. 뜻 의 12. 읽을 독 13. 믿을 신 14. 글 장 15. ④
16. ④ 17. ① 18. ④ 19. ① 20. ③
21. ③ 22. ⑦ 23. ① 24. ② 25. 兄弟
26. 父母 27. 敎室 28. 學校 29. ⑧ 30. ⑥

12. 07~11과 복습하기

47쪽

❶ 晝 ❷ 苦 ❸ 古 ❹ 圖 ❺ 急
❻ 發 ❼ 書 ❽ 服 ❾ 級 ❿ 畫

48~49쪽

1. 고금 2. 주야 3. 급행 4. 고락 5. 급속
6. 도서 7. 발명 8. 화가 9. 등급 10. 양복
11. 쓸 고 12. 글 서 13. 등급 급 14. 옷 복 15. ④
16. ① 17. ④ 18. ③ 19. ② 20. ④
21. ③ 22. ⑧ 23. ① 24. ④ 25. 左右
26. 敎育 27. 火山 28. 每日 29. ⑤ 30. ⑦

18. 13~17과 복습하기

66쪽

❶ 庭 ❷ 現 ❸ 路 ❹ 各 ❺ 題
❻ 術 ❼ 愛 ❽ 目 ❾ 定 ❿ 行

67~68쪽

1. 각자 2. 도로 3. 현재 4. 안정 5. 가정
6. 애용 7. 제목 8. 주목 9. 행동 10. 의술
11. 나타날 현 12. 재주 술 13. 사랑 애 14. 제목 제 15. ③
16. ① 17. ② 18. ③ 19. ③ 20. ①
21. ③ 22. ⑤ 23. ① 24. ② 25. 自然
26. 午前 27. 大門 28. 安心 29. ⑪ 30. ⑩

24. 19~23과 복습하기

85쪽

❶ 根 ❷ 短 ❸ 球 ❹ 昨 ❺ 銀
❻ 頭 ❼ 作 ❽ 失 ❾ 公 ❿ 共

86~87쪽

1. 지구 2. 근본 3. 작금 4. 두각 5. 단신
6. 작년 7. 공공 8. 은행 9. 실수 10. 동작
11. 공평할 공 12. 뿌리 근 13. 은은 14. 잃을 실 15. ③
16. ① 17. ② 18. ① 19. ② 20. ④
21. ① 22. ⑥ 23. ③ 24. ② 25. 市場
26. 姓名 27. 世上 28. 時間 29. ⑧ 30. ⑩

30. 25~29과 복습하기

104쪽

❶ 始 ❷ 飮 ❸ 身 ❹ 使 ❺ 死
❻ 病 ❼ 醫 ❽ 例 ❾ 號 ❿ 者

105~106쪽

1. 시작 2. 음식 3. 명의 4. 생사 5. 사명
6. 심신 7. 신호 8. 병약 9. 사례 10. 기자
11. 비로소 시 12. 법식 례 13. 마실 음 14. 이름 호 15. ①
16. ② 17. ① 18. ② 19. ① 20. ②
21. ③ 22. ② 23. ② 24. ① 25. 王室
26. 入口 27. 祖上 28. 海軍 29. ⑪ 30. ⑥

답안지와 바로
비교해 보세요!

01회 모의시험

110~113쪽

1. 도면	2. 예외	3. 백기	4. 기자
5. 강촌	6. 수은	7. 신호	8. 은행
9. 언동	10. 지상	11. 직행	12. 음식
13. 등교	14. 발족	15. 선조	16. 정오
17. 각급	18. 행인	19. 병자	20. 작년
21. 춘추	22. 효녀	23. 도장	24. 지구
25. 발동	26. 부족	27. 독서	28. 의식주
29. 산정	30. 만고	31. 효행	32. 명중
33. 병실	34. 믿을 신	35. 뿌리 근	36. 머리 두
37. 비로소 시	38. 사랑 애	39. 노래 가	40. 사귈 교
41. 뜻 의	42. 기 기	43. 오를 등	44. 매양 매
45. 제목 제	46. 마실 음	47. 곧을 직	48. 쉴 휴
49. 공평할 공	50. 공 구	51. 급할 급	52. 남녘 남
53. 농사 농	54. 하여금 사	55. 재주 술	56. ④
57. ②	58. ①	59. ③	60. ②
61. ②	62. ①	63. ④	64. ②
65. ⑧	66. ③	67. ①	68. 登山
69. 先祖	70. 里長	71. 手動	72. 國旗
73. 登校	74. 然後	75. 工夫	76. 車便
77. 安心	78. 不足	79. 休紙	80. 天地
81. 場所	82. 午後	83. 來年	84. 不孝
85. 教育	86. 空氣	87. 海女	88. ⑦
89. ⑨	90. ⑤		

02회 모의시험

114~117쪽

1. 실의	2. 구두	3. 의술	4. 행로
5. 예외	6. 현장	7. 제목	8. 서신
9. 출두	10. 공평	11. 각자	12. 시작
13. 신호	14. 고물	15. 은행	16. 차로
17. 가정	18. 사명	19. 복색	20. 수술
21. 고학	22. 발행	23. 음식	24. 독자
25. 작년	26. 사례	27. 심술	28. 학급
29. 행동	30. 화두	31. 선례	32. 한복
33. 호실	34. 설 립	35. 급할 급	36. 잃을 실
37. 기를 육	38. 여름 하	39. 나타날 현	40. 이름 호
41. 꽃 화	42. 살 활	43. 각각 각	44. 셀 계
45. 쓸 고	46. 그림 도	47. 올 래	48. 길 로
49. 하여금 사	50. 심을 식	51. 공 구	52. 어제 작
53. 뜰 정	54. 무거울 중	55. 내 천	56. ②
57. ③	58. ③	59. ①	60. ②
61. ④	62. ②	63. ①	64. ⑤
65. ③	66. ③	67. ⑥	68. 老人
69. 花草	70. 命中	71. 入住	72. 出動
73. 祖上	74. 不安	75. 校旗	76. 正午
77. 家門	78. 後世	79. 弟子	80. 春秋
81. 同時	82. 住所	83. 里長	84. 午前
85. 氣色	86. 休日	87. 農夫	88. ⑦
89. ⑩	90. ⑧		

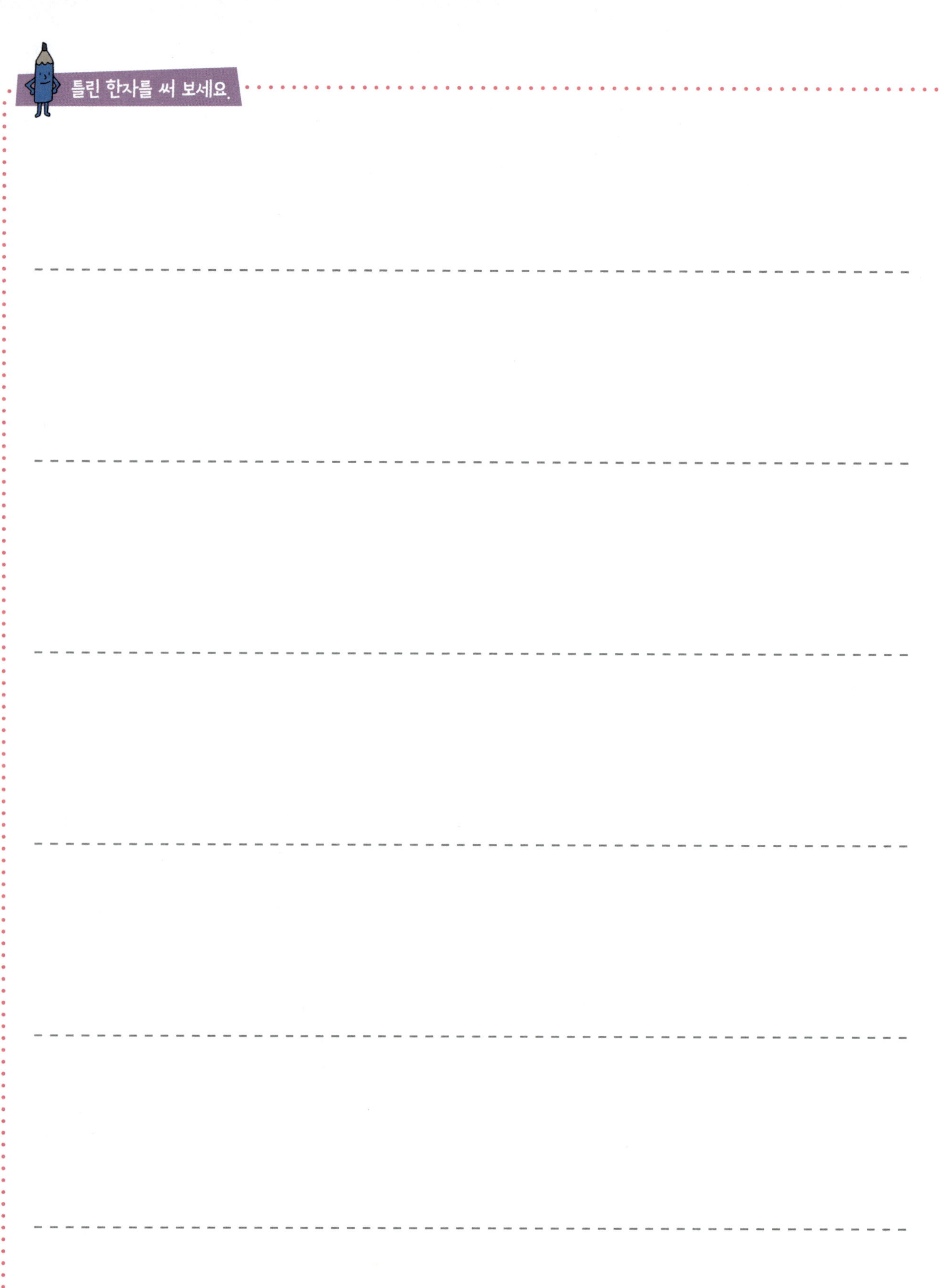
틀린 한자를 써 보세요.

수험번호 □□□-□□-□□□□   성명 □□□□□

생년월일 □□□□□□ ※ 주민등록번호 앞 6자리 숫자를 기입하십시오.

※ 성명은 한글로 작성
※ 필기구는 검정색 볼펜만 가능

※ 답안지는 컴퓨터로 처리되므로 구기거나 더럽히지 마시고, 정답 칸 안에만 쓰십시오.
  글씨가 채점란으로 들어오면 오답 처리됩니다.

01회 모의 한자능력검정시험 6급 답안지(1) (시험 시간: 50분)

답안란		채점란		답안란		채점란		답안란		채점란	
번호	정답	1검	2검	번호	정답	1검	2검	번호	정답	1검	2검
1				15				29			
2				16				30			
3				17				31			
4				18				32			
5				19				33			
6				20				34			
7				21				35			
8				22				36			
9				23				37			
10				24				38			
11				25				39			
12				26				40			
13				27				41			
14				28				42			

감독위원	채점위원(1)		채점위원(2)		채점위원(3)	
(서명)	(득점)	(서명)	(득점)	(서명)	(득점)	(서명)

※ 뒷면으로 이어짐

01회 모의 한자능력검정시험 6급 답안지(2)

답안란		채점란		답안란		채점란		답안란		채점란	
번호	정답	1검	2검	번호	정답	1검	2검	번호		1검	2검
43				59				75			
44				60				76			
45				61				77			
46				62				78			
47				63				79			
48				64				80			
49				65				81			
50				66				82			
51				67				83			
52				68				84			
53				69				85			
54				70				86			
55				71				87			
56				72				88			
57				73				89			
58				74				90			

절취선

<table>
<tr><td>수험번호</td><td>□□□-□□-□□□□</td><td>성명</td><td>□□□□□</td></tr>
<tr><td>생년월일</td><td>□□□□□□ ※ 주민등록번호 앞 6자리 숫자를 기입하십시오.</td><td colspan="2">※ 성명은 한글로 작성
※ 필기구는 검정색 볼펜만 가능</td></tr>
</table>

※ 답안지는 컴퓨터로 처리되므로 구기거나 더럽히지 마시고, 정답 칸 안에만 쓰십시오.
  글씨가 채점란으로 들어오면 오답 처리됩니다.

02회 모의 한자능력검정시험 6급 답안지(1) (시험 시간: 50분)

답안란		채점란		답안란		채점란		답안란		채점란	
번호	정답	1검	2검	번호	정답	1검	2검	번호	정답	1검	2검
1				15				29			
2				16				30			
3				17				31			
4				18				32			
5				19				33			
6				20				34			
7				21				35			
8				22				36			
9				23				37			
10				24				38			
11				25				39			
12				26				40			
13				27				41			
14				28				42			

감독위원	채점위원(1)		채점위원(2)		채점위원(3)	
(서명)	(득점)	(서명)	(득점)	(서명)	(득점)	(서명)

※ 뒷면으로 이어짐

02회 모의 한자능력검정시험 6급 답안지(2)

번호	정답	1검	2검	번호	정답	1검	2검	번호		1검	2검
43				59				75			
44				60				76			
45				61				77			
46				62				78			
47				63				79			
48				64				80			
49				65				81			
50				66				82			
51				67				83			
52				68				84			
53				69				85			
54				70				86			
55				71				87			
56				72				88			
57				73				89			
58				74				90			

바빠 따라 쓰기

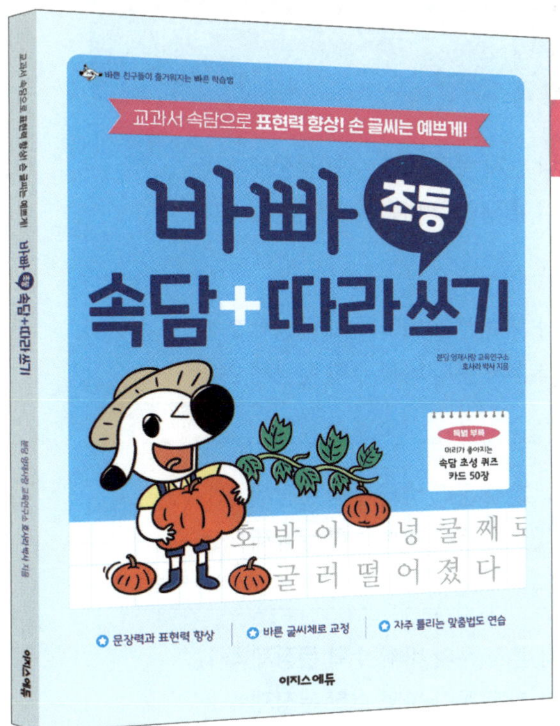

바빠 초등 속담 + 따라 쓰기 | 12,000원

영재 교육학 박사가 만든 속담 책!

교과서 속담으로 표현력 향상! 손 글씨는 예쁘게!

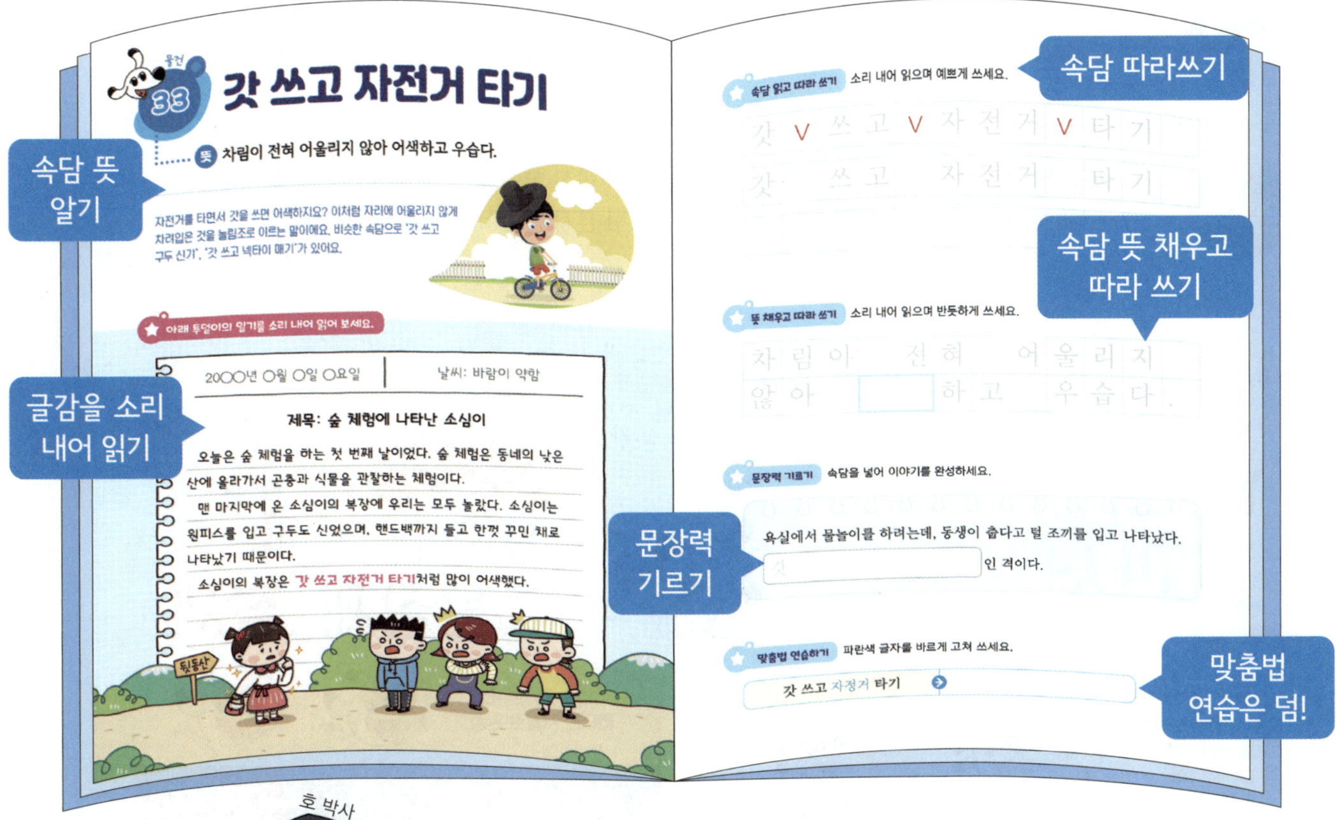

호 박사

바빠 초등 **사자성어+따라 쓰기**와 **관용어+따라 쓰기**도 있어요!

바빠 시리즈 초등 학년별 추천 도서

학년	학기별 연산책 바빠 교과서 연산 학기 중, 선행용으로 추천!	나 혼자 푼다 바빠 수학 문장제 학교 시험 서술형 완벽 대비!
1학년	· 바빠 교과서 연산 1-1 · 바빠 교과서 연산 1-2	· 나 혼자 푼다 바빠 수학 문장제 1-1 · 나 혼자 푼다 바빠 수학 문장제 1-2
2학년	· 바빠 교과서 연산 2-1 · 바빠 교과서 연산 2-2	· 나 혼자 푼다 바빠 수학 문장제 2-1 · 나 혼자 푼다 바빠 수학 문장제 2-2
3학년	· 바빠 교과서 연산 3-1 · 바빠 교과서 연산 3-2	· 나 혼자 푼다 바빠 수학 문장제 3-1 · 나 혼자 푼다 바빠 수학 문장제 3-2
4학년	· 바빠 교과서 연산 4-1 · 바빠 교과서 연산 4-2	· 나 혼자 푼다 바빠 수학 문장제 4-1 · 나 혼자 푼다 바빠 수학 문장제 4-2
5학년	· 바빠 교과서 연산 5-1 · 바빠 교과서 연산 5-2	· 나 혼자 푼다 바빠 수학 문장제 5-1 · 나 혼자 푼다 바빠 수학 문장제 5-2
6학년	· 바빠 교과서 연산 6-1 · 바빠 교과서 연산 6-2	· 나 혼자 푼다 바빠 수학 문장제 6-1 · 나 혼자 푼다 바빠 수학 문장제 6-2

바빠 독해

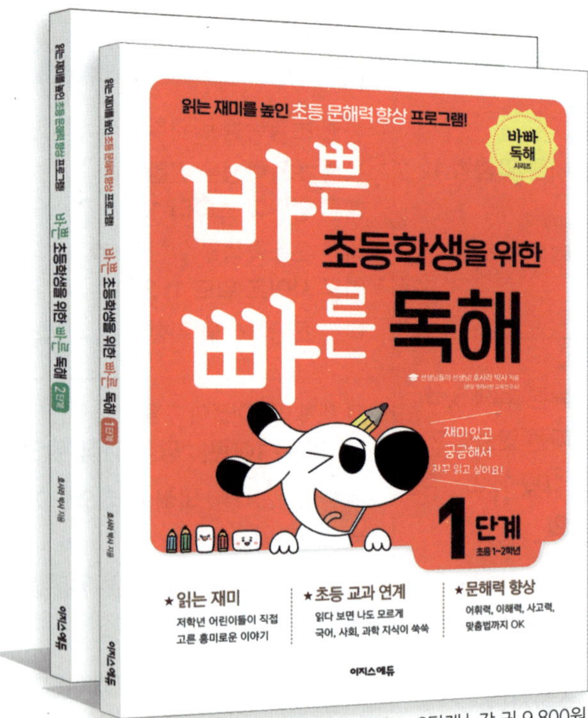

바빠 독해 1~6단계 | 각 권 9,800원

★ ★ ★ ★
초등 교과 연계 100%

읽는 재미를 높인 초등 문해력 향상 프로그램

영재사랑 연구소에서 16년간 지도한 내용 중 **누구나 쉽게 성취감을 맛볼 수 있는 활동을 선별**했어요!

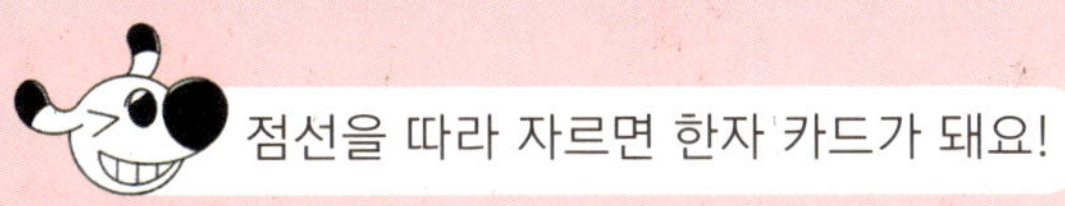

점선을 따라 자르면 한자 카드가 돼요!

太	交	言
信	訓	讀
計	音	意
章	古	苦

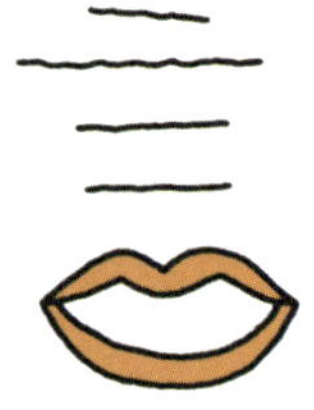

말씀 언

사귈 교

클 태

읽을 독

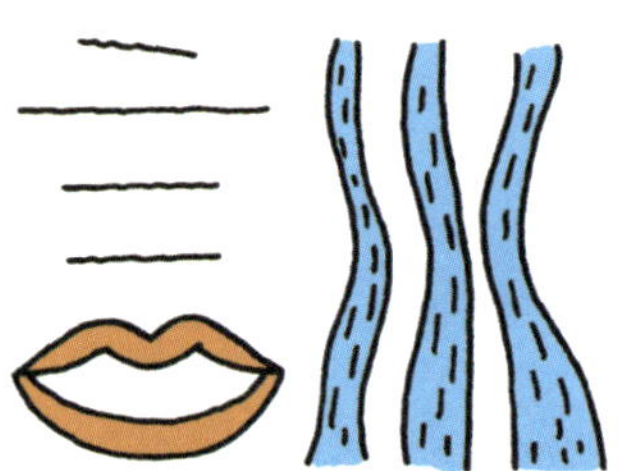

가르칠 훈

믿을 신

뜻 의

소리 음

셀 계

쓸 고

예 고

글 장

書	晝	畫
圖	急	級
服	發	目
現	行	術
各	路	愛

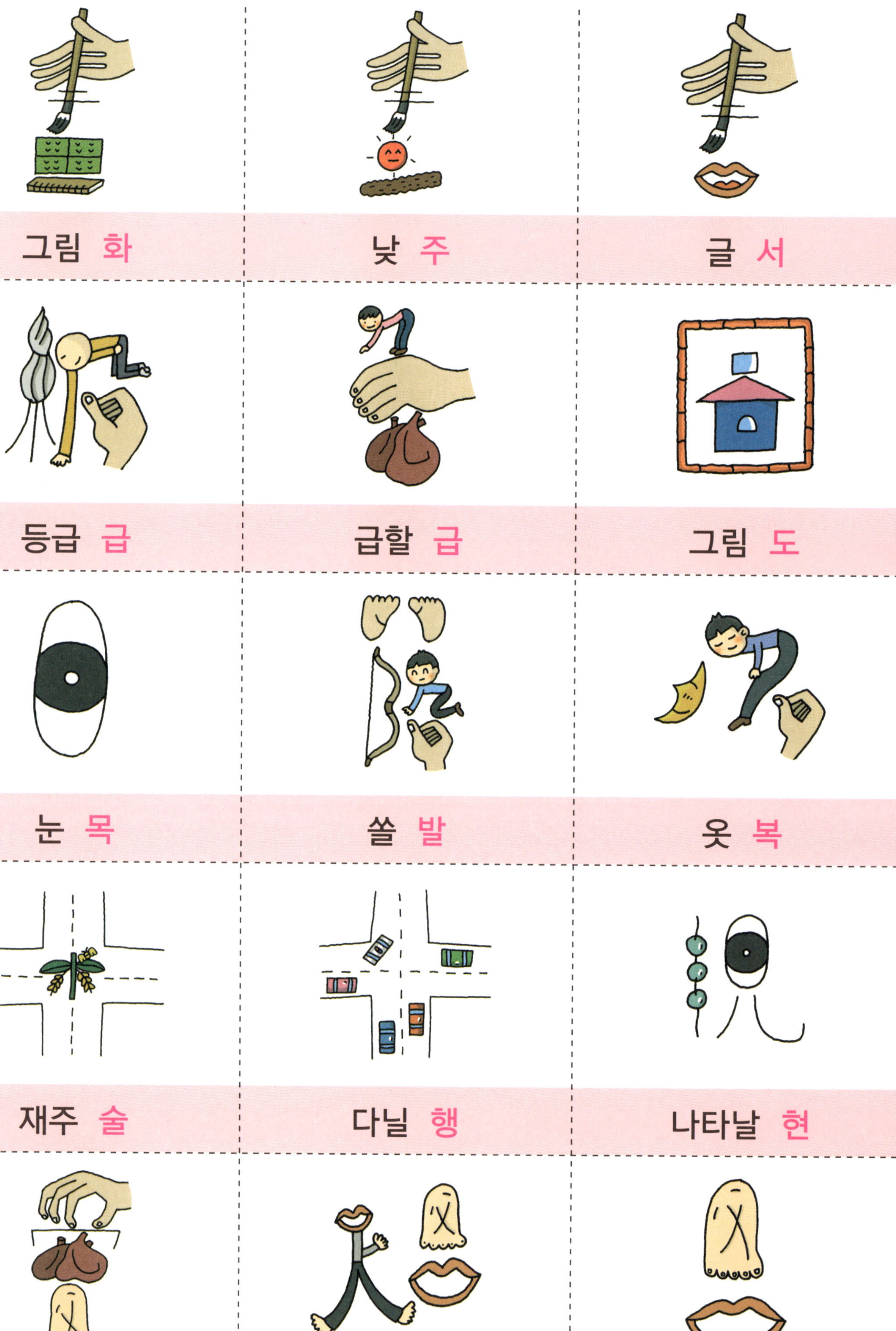

그림 화	낮 주	글 서
등급 급	급할 급	그림 도
눈 목	쏠 발	옷 복
재주 술	다닐 행	나타날 현
사랑 애	길 로	각각 각

題	定	庭
根	昨	作
短	頭	銀
公	球	失
醫	病	共

제목 제

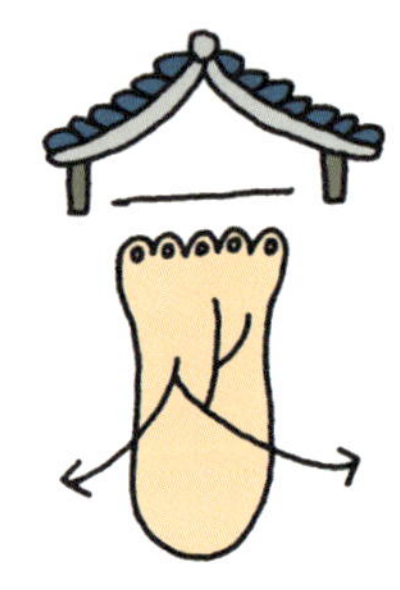

정할 정

뜰 정

뿌리 근

어제 작

지을 작

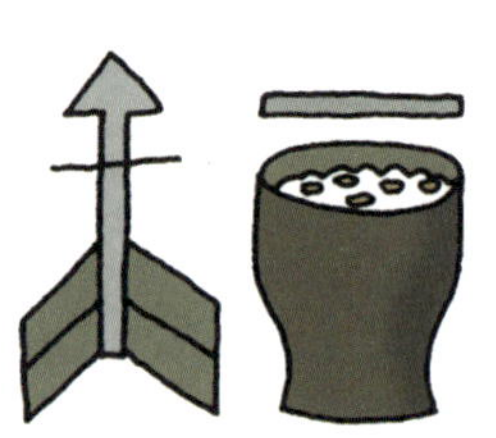

짧을 단

머리 두

은 은

공평할 공

공 구

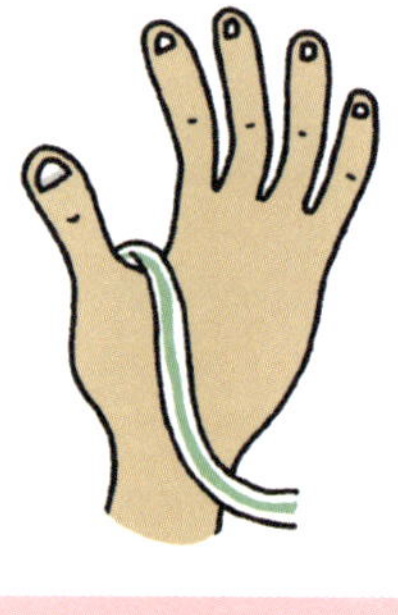

잃을 실

의원 의

병 병

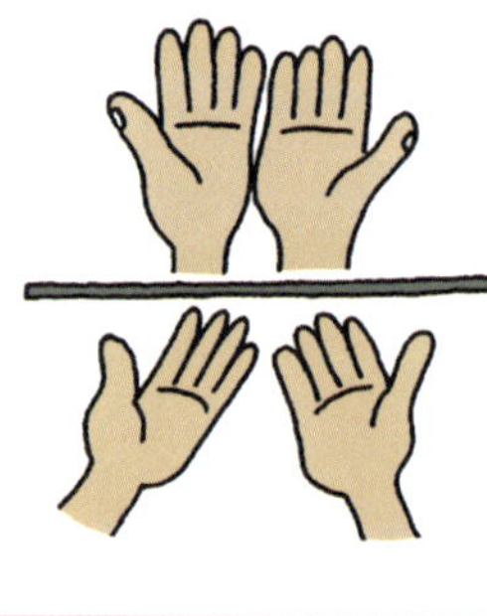

한가지 공

<table>
<tr><td>死</td><td>例</td><td>始</td></tr>
<tr><td>飮</td><td>身</td><td>者</td></tr>
<tr><td>使</td><td>號</td><td></td></tr>
</table>

👉 한자 카드 이렇게 활용해 보세요. 👈

하나

한자를 보고 훈음을 알아맞히거나, 훈음을 보고 한자를 맞혀 보세요.

둘

한자 카드를 바닥에 펼쳐 놓고 다른 사람이 불러 주는 한자를 빨리 찾는 놀이를 해 보세요. 친구들과 누가 먼저 찾는지 내기를 하면 더 재미있어요.

셋

한자가 적힌 앞면이 보이도록 카드를 펼쳐 놓으세요. 가위바위보를 하여 이긴 사람이 카드를 골라 훈음을 말하고, 정답을 맞히면 카드를 가져갑니다. 한자 카드를 많이 가진 사람이 승리!

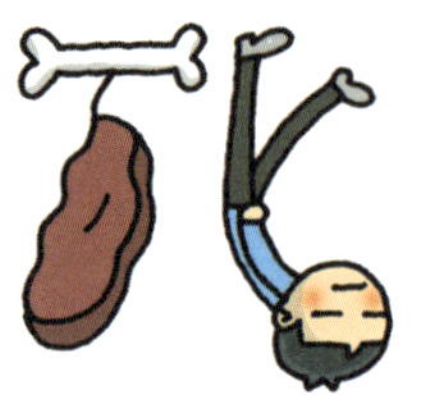

비로소 시	법식 례	죽을 사

놈 자	몸 신	마실 음

	이름 호	하여금 사

바빠 초등 6급 한자 1권